Prof. Axel Beyer ist Autor und Medienberater. Bis zu seiner Pensionierung war er Leiter des Unterhaltungsbereichs beim WDR Fernsehen, gewann u. a. den Deutschen Fernsehpreis und den Grimme-Preis in Gold. Zuvor machte er Karriere an wesentlichen Stationen des öffentlich-rechtlichen wie des privaten Fernsehens, z.B. als Programmdirektor Endemol, Producer «Wetten, dass..?», «Boulevard Bio», «Die Rudi Carrell Show» und «Wer zuletzt lacht». Seit 2017 ist er stellv. Vorsitzender des Medien Management Instituts Köln, seit 2015 Jurymitglied des AWO-Journalistenpreises.

Axel Beyer

Immer nur aufregen ist auch keine Lösung

Heiter die Widrigkeiten des Alltags überstehen

Rowohlt Taschenbuch Verlag

2. Auflage Januar 2024

Originalausgabe
Veröffentlicht im Rowohlt Taschenbuch Verlag, Hamburg, Dezember 2023
Copyright © 2023 by Rowohlt Verlag GmbH, Hamburg
Covergestaltung zero-media.net, München
Coverillustration Anne Dohrenkamp
Satz Feijoa
Druck und Bindung GGP Media GmbH, Pößneck
ISBN 978-3-499-01198-6

Die Rowohlt Verlage haben sich zu einer nachhaltigen Buchproduktion verpflichtet.
Gemeinsam mit unseren Partnern und Lieferanten setzen wir uns für eine klima-
neutrale Buchproduktion ein, die den Erwerb von Klimazertifikaten zur Kompensation
des CO_2-Ausstoßes einschließt. *www.klimaneutralerverlag.de*

Inhalt

Älter werden

Ich war überrascht, wie viele Reaktionen es auf mein Buch «Immer ausschlafen ist auch keine Lösung» gab und wie viele Menschen mir ihre eigenen Beobachtungen zum Thema «Älter werden» mitteilten. Und eines zieht sich wie ein roter Faden durch alle Anmerkungen – mehr Zeit zu haben, das bedeutet auch: mehr Aufmerksamkeit auf das eigene Leben richten zu können. Und auf die eigene Umgebung.

Viele der hier erzählten Geschichten haben deshalb eindeutig damit zu tun, dass ich älter geworden bin und mehr Zeit habe. Also theoretisch. Und dass dieses Mehr an Zeit eben oft dazu führt, dass mir Dinge auffallen, die ich früher im Stress des Alltags übersehen oder einfach als selbstverständlich hingenommen habe.

Kinder wollen meist möglichst schnell erwachsen werden, und die dann Erwachsenen ihrerseits tun alles, um ihre kindlichen Seiten zu pflegen – für das Hobby, für das Ego oder manchmal auch, ohne es zu merken (was ziemlich blöd ist). Und wer älter geworden ist, gibt es ungern zu. «Man ist so alt, wie man sich fühlt»? Gut, dann differiert mein Alter von Tag zu Tag oder von Tageszeit zu Tageszeit. Als junger Mensch sucht man die Herausforderung, als älterer Mensch eher seine Ruhe. Die Amerikaner nennen das, so sagte mir ein noch sehr junger Freund, «S-O-S – slower, older, smarter».

Dabei hat man als älterer Mensch viele Vorteile, einige beleuchte ich in diesem Buch. Früher war es üblich, einem älteren Menschen im öffentlichen Nahverkehr einen Sitzplatz anzubieten, das ist allerdings lange her. Aber man bekommt in Restaurants einen Seniorenteller und in Museen einen Seniorenrabatt. Dabei sind in Museen ohnehin meist nur noch ältere Menschen zu finden. Nicht weil sie sich dort unter all den Altertümern am wohlsten fühlen, sondern weil Museen außerhalb von Schulausflügen für jüngere Zeitgenossen oft uninteressant geworden sind. Die sind nur an der Gegenwart, an WhatsApp und an der Zukunft interessiert – Letzteres meistens freitags. Ich verstehe das, unser Langzeitgedächtnis ist ja auch besser als das Kurzzeitgedächtnis. Wen kümmert schon sein Geschwätz von gestern?

Jeder von uns blickt auf viele Jahre der Erfahrungen zurück und weiß mit Sicherheit, dass es allen Menschen besser ginge, wenn sie nur von unserer Weisheit profitieren würden. Was sie leider (oder auch glücklicherweise) sehr selten tun. Und wir können nun mal nicht überall sein und alle Probleme lösen – obwohl wir Älteren selbstverständlich dazu fähig wären, denn wir sind zu vielem fähig.

Manchmal sogar dazu zuzuhören, vorausgesetzt, die Hörhilfe ist aufgeladen. Am häufigsten fiel mir dabei ein Wort auf – und das hieß: Ärger! Viele Menschen haben offensichtlich einfach mehr Dinge in ihrem Alltag gefunden, die sie ärgern. Nicht etwa, weil sie grantiger geworden sind oder schlechte Laune haben, nein, weil sie jetzt einfach mehr Zeit haben, um diese Dinge zu sehen. Und manchmal regen sie sich auch über sich selbst auf.

Geben Sie es ruhig zu, wir alle haben uns schon oft genug aufgeregt. Über alles und jedes oder jeden. Und – ja, es stimmt – manchmal sogar mit Genuss.

Gerade die letzten Monate waren besonders aufgeregt. Man erregte sich über alles und jedes – nach wie vor über Corona, über die Politik, über die Corona-Politik, über die Medien, die alle einer Meinung waren, und vor allem über die, die nicht der eigenen Meinung waren. Immer war irgendetwas!

Ich denke, es ist Zeit, zu Aufheiterung und Entspannung beizutragen, und deshalb sind in diesem Büchlein lauter Themen und Situationen versammelt, die für Aufregung sorgten. Dinge, über die ich persönlich mich vielleicht erst hinterher richtig aufgeregt habe, die mir aber letztlich auch manches über mich selbst erzählten.

- Einige dieser Themen kamen einfach über uns, wie die Pandemie.
- Manchmal spekulierten andere auch einfach auf die Bequemlichkeit der Mitmenschen oder auf ihre Gutgläubigkeit.
- Und manchmal habe ich mich hinterher gefragt, wie ich so dumm sein konnte, auf so offensichtlichen Mist hereinzufallen.

Für alle diese Themen gibt es in diesem Büchlein Beispiele genug, Sie werden sehen.

Aber was bringt es, sich darüber aufzuregen? Ehrlich gesagt: nichts!

Genauer: nichts, außer schlechter Laune.

Man spricht inzwischen häufiger davon, das Renten-
eintrittsalter aus Gründen des demografischen Wandels
und der Wirtschaftlichkeit erneut zu erhöhen, weil die
Menschen heute in ihrer Mehrheit viel länger leistungs-
fähig sind und damit auch länger arbeiten können. Diesen Vorschlag unterstützen wir besonders dann, wenn
wir die Rente schon erreicht haben und es uns deshalb
nicht mehr betrifft. Wir wissen ja, was wir noch könnten,
wenn man uns noch ließe – was glücklicherweise für uns
und andere nicht der Fall ist.

Außerdem haben wir Enkel, für deren Erziehung wir
nicht verantwortlich sind und die deshalb bei uns all das
dürfen, was zu Hause streng untersagt ist – lange aufblei-
ben, fernsehen und Oma oder Opa wieder aufwecken,
wenn die Sendung zu Ende ist.

Man sieht also, älter zu werden hat viele Vorteile. Warum sollen wir uns da über eine verlegte Brille, die leere
Batterie des Hörgeräts oder ein volles Wartezimmer beim
Arzt aufregen. Nein – genießen wir jeden Tag und freuen
uns daran, dass wir inzwischen wieder Dinge wahrneh-
men, die junge Leute überhören oder übersehen – das Ge-
zwitscher von Vögeln oder die blühenden Sträucher und
Bäume im Park. Lediglich Springbrunnen sollte man abschalten, denn deren plätscherndes Geräusch kann auf
die Blase schlagen und einen Spaziergang unter Umständen jäh beenden.

Wir wissen noch, wer Johannes Heesters war, wir kennen ALLE Strophen von Volksliedern, sogar den Namen

von ein paar nicht mehr existenten Hauptstädten und sind damit bei jedem Kreuzworträtsel ganz weit vorne.

Und da wir uns (meistens) noch jung genug fühlen, können wir das Älterwerden jeden Tag genießen. Noch viele, viele Jahre lang!

Johannes Heesters wurde 106.

Aufregung hingegen ist kontraproduktiv, insbesondere dann, wenn daraus nicht auch ein Impuls zur Veränderung erwächst. Die Amerikaner haben dazu einen schönen Begriff: «Fail forward» – nach vorne scheitern. Schließlich macht jeder mal eine Dummheit. Ja, sogar ich, ich gebe es zu. Ich weiß, dass Sie sich das kaum vorstellen können, aber es ist so. Entscheidend ist doch nicht, dass wir uns drüber aufregen, denn das verändert ja nichts – sondern dass wir daraus lernen. Um es beim nächsten Mal besser zu machen. Hoffentlich! Denn immer nur aufregen ist auch keine Lösung!

Die meisten der hier versammelten Geschichten sind mir wirklich passiert, ich weiß also, wovon ich erzähle. Einige wurden mir aber auch anvertraut und überlassen – und ich gestehe, ich habe sie (ohne Scham) mit einer gewissen Schadenfreude gehört und versucht, sie zu behalten. Und sollten Sie diese kleine Schadenfreude auch empfinden – nur zu! Hauptsache, Sie freuen sich – und machen es dann besser!

Ich weiß nicht, ob die Neigung, sich aufzuregen, mit dem Alter wächst, vielleicht geht es mir wie vielen von Ihnen – ich habe jetzt ja auch einfach mehr Zeit, Dinge zu bemerken und meine Umwelt zu betrachten.

Oder mich mit manchen Situationen auseinanderzusetzen und sie zu hinterfragen, die ich früher – schon aus Zeitmangel – einfach achselzuckend und wie selbstverständlich hingenommen hätte. Heute regen sie mich auf.

Aber sich aufzuregen, schadet dem Magen und macht Falten – und wer will die schon. Nicht einmal die vielfältigste Person. Und genau deshalb sage ich nun:

Zeigen wir dem Leben die Zähne – und wenn es die dritten sind! Glauben Sie mir: Immer nur aufregen ist auch keine Lösung!

Streit

«Eine Demokratie, in der nicht gestritten wird, ist keine» - dies Zitat schreibt die Wochenzeitung DIE ZEIT dem ehemaligen Bundeskanzler und Herausgeber Helmut Schmidt zu. Für die eigene Meinung zu streiten, das geht wirklich nur in einer offenen Staatsform. Sich richtig zu streiten, kann eventuell die Luft reinigen - im schlechteren Falle gibt es nur dicke Luft.

In der Schule wurden die Streithähne oft auseinandergesetzt - das hat aber mit einer Auseinandersetzung wenig zu tun. Für die eigene Ansicht zu streiten, das bedeutet auch, einander zuzuhören und Respekt vor der anderen Meinung zu haben. Ein «Streitgespräch» ist vor allem ein geistiger Wettkampf - was mit Intellekt leider häufig nichts zu tun hat. Inzwischen dafür immer öfter mit Emotion.

Und dieser Streit wird immer erbitterter geführt, Auslöser sind nicht zuletzt die sozialen Netzwerke, die ihrem Spitznamen als «asoziale Netzwerke» zum Teil alle Ehre machen. Denn in diesen sogenannten Auseinandersetzungen geht es nicht darum, mit den besseren Argumenten zu überzeugen, sondern häufig einfach nur darum, Dampf abzulassen. Nicht mit dem Ziel, wirklich recht zu bekommen, sondern einfach nur recht zu haben. Ob der Applaus möglicherweise von einer falschen Seite kommt, ist dabei gleichgültig - Hauptsache, Applaus.

Eigentlich hasse ich Streit, besonders wenn sich zwei Menschen in aller Öffentlichkeit streiten und ich nicht genau weiß, für welche Seite ich Partei ergreifen soll, weil ich nicht alles von Anfang an mitbekommen habe. Dabei möchte ich dann natürlich auch wissen, wie das Ganze ausgeht und wer am Ende wen verbal besiegt. Übrigens empfiehlt es sich nicht, mit gut gemeinten Ratschlägen in einen solchen Streit einzugreifen, weil sich sonst der ganze Zorn unversehens gegen einen selbst richten kann. Und bitte nicht mit aufregen, sondern dieses Duell einfach genießen, selbst wenn man eigentlich den mitgebrachten Krimi lesen wollte. Das Lesen kann warten, diesen öffentlichen Krimi bekommt man ja nur einmal.

«Wer schreit, hat unrecht», pflegte meine Mutter zu sagen, die eine kluge Frau war. Und wer brüllt, kann nicht zuhören. Und will auch nicht zuhören. Und ist absolut davon überzeugt, dass niemand sonst im Besitz der Wahrheit ist außer ihm selbst. Meistens sind es die Männer, die brüllen, nicht nur wegen der tieferen Stimme. «Solange der Mensch Haare hat, liegen wir uns in denselben», sagte einst Heinz Erhardt. Nun haben manche der Kerle keine Haare mehr, was sie nicht daran hindert, lautstark auf ihren Argumenten (oder was sie dafür halten) zu beharren.

Natürlich rege auch ich mich auf, wenn mein Gegenüber völlig uneinsichtig auf seinen Argumenten besteht und nicht einen Moment lang bereit ist, darüber nachzudenken, ob nicht auch andere Meinungen einen möglicherweise wahren Kern haben. Und ich habe oft beharrlich und emotional gestritten und damit mir und anderen manchen Abend verdorben. Hat es was gebracht? Nein, nur schlechte Laune.

Daher ein guter Tipp: Wenn Sie sicher als Sieger vom Platz gehen wollen (oder zumindest das Gefühl haben wollen, gewonnen zu haben), sollten Sie Folgendes tun:

- Legen Sie viel Ironie und Sarkasmus in ihre Stimme
- Verächtliches Schnauben bei Gegenargumenten verfehlt nie seine Wirkung
- Werden Sie immer persönlich. «DU hast doch immer gesagt ...!»
- Lassen Sie Ihr Gegenüber nie ausreden, immer ins Wort fallen
- Behalten Sie die Tür im Auge, um einen wütenden Abgang mit Türknallen inszenieren zu können
- Versuchen Sie NIE, eine gemeinsame Lösung zu finden
- Wiederholen Sie beharrlich immer dieselben Argumente – egal ob sie zutreffen oder nicht
- Haben Sie ein gutes Gedächtnis: «Ich habe dir schon vor zehn Jahren gesagt ...»
- Und wichtig: Gehen Sie NIE einen Kompromiss ein!

Wenn Sie das beherzigen, haben Sie vielleicht bald keine Freunde mehr, aber dafür das gute Gefühl, der Einzige auf der Welt zu sein, der oder die den totalen Durchblick hat.

Ach ja, es gibt natürlich auch eine Alternative.

«Der Klügere gibt nach», auch so ein beliebtes Sprichwort meiner Mutter. Übrigens war sie meist «die» Klügere. Und nachgeben bedeutet eben nicht recht geben, sondern nur anzuerkennen, dass wir uns darauf einigen können, dass wir uns nicht einigen können. Und damit dem oder der anderen auch das Recht auf die eigene und gegebenenfalls total andere Meinung zugestehen. So werden Streitpunkte akzeptiert und gegebenenfalls zukünftig einfach ausgeklammert – wie in der Diplomatie.

Streiten bedeutet eben nicht, immer recht zu bekommen, aber immer das Recht zu haben, anderer Meinung zu sein. Und darüber muss sich niemand aufregen, denn … siehe Buchtitel.

Was ich noch sagen wollte ...

«Jugendwahn und Altersangst», so lautete einst der Titel eines Buches, und irgendwie ist das ja wie Ying und Yang, beides hängt miteinander zusammen. In der politischen Diskussion war vor einiger Zeit zu vernehmen, dass eine verdiente konservative Partei endlich jünger werden müsse. Und der Vorsitzende legte sich daraufhin erst einmal eine modische neue Brille zu. Glücklicherweise gehört er nicht zu den älteren Herren, die nach wie vor Baseballkappen tragen und den Schirm nach hinten drehen oder deren T-Shirt im Sommer mindestens eine Nummer zu eng ist. Und die Sakkos zu kurz. Von den Hosenböden in den Kniekehlen nicht zu reden.

Warum machen die das? Ist es die Sorge, im Wettbewerb der Ideen nicht (mehr) mit den jungen Menschen mithalten zu können? Oder sind es die Resignation und der Fatalismus derjenigen, die die allfälligen altersbedingten Veränderungen an sich selbst nicht akzeptieren wollen? Oder haben sie Angst, dass ihr Wissen und ihre Lebenserfahrung immer weniger gefragt sind – eine Angst, die man ja verstehen könnte?

Ich weiß es nicht. Dabei spricht doch der demografische Wandel für uns – WIR sind die Mehrheit! Und wenn schon ein kommerzieller Sender wie RTL seine werberelevante Zielgruppe von 14-49 auf 14-59 heraufsetzt, sagt das doch viel über die tatsächlichen «Machtverhältnisse» aus. Ich frage Sie: Wer hat denn das Geld? Und wer hat denn wohl die Zeit, es auch auszugeben?

Oder ist es der rasante technische Fortschritt, der uns Älteren all das abverlangt und von dem deshalb auch hier mehrfach die Rede sein wird? Da sind das Smartphone (von mir liebevoll Schmahtfohn genannt), das Online-Banking, der Zensus, der neue Grundsteuermessbetrag und all die vielen Formulare, die wie selbstverständlich nur noch über das Internet ausfüllbar sind. Die Pandemie hat uns gelehrt, dass es möglich ist, unsere Familie und Freunde nur noch über Zoom, Skype oder Facetime zu sehen. Vom Homeoffice ganz zu schweigen – wobei «schweigen» etwas ist, was ich in diesem Buch definitiv nicht tun werde. So!

Da dachten wir immer, wir nach dem Zweiten Weltkrieg Geborenen seien besonders gesegnet, weil wir nie einen Krieg, sondern einen permanenten wirtschaftlichen Aufschwung erlebt haben. Und dann haut man uns Begriffe wie «Generationenvertrag» und «Klimawandel» um die Ohren und gibt uns auch die Schuld an verfehlten Steuergesetzen zur Erbschaftssteuer. Da möchte man sich doch eine Baseballkappe über die Ohren und die Hose nach oben ziehen!

Der Satz «Alter ist nichts für Feiglinge», der Mae West zugesprochen wird, hat sicher seine Berechtigung. Aber – wenn wir ehrlich sind – würde heute jemand wirklich aus vollem Herzen singen wollen: «Man müsste noch mal zwanzig sein»? – Nein, jung zu sein ist heute auch nichts für Feiglinge. In diesem Jahrzehnt wird sich erweisen, ob und wie unsere Gesellschaft zu einem entspannten Verhältnis der Generationen zurückfindet. Dazu braucht es unbedingt ein echtes Verständnis für die Lebensplanung der jüngeren Generation und ihre Zukunftsperspektiven, aber ebenso eine Verantwortung für den Lebensabend der älteren Menschen und für deren Bedürfnisse. Wenn wir das nicht in ein vernünftiges Verhältnis bekommen, stehen uns noch Aufregungen bevor, gegen die umgedrehte Baseballkappen wirklich lächerlich sind.

Höflichkeit oder Gedankenlosigkeit?

«Höflichkeit ist eine Zier, doch weiter kommt man ohne ihr» – so sagte man in meiner Kindheit, und natürlich war das ironisch gemeint. Etliche Jahrzehnte später ist von Zierde keine Rede mehr. «Schön, dich zu sehen», so begrüßt mich LIDL, wenn ich den Supermarkt betrete. Hey, du Lidl, denke ich, seit wann duzen wir uns? Aber gut, ich kaufe da schon so lange ein, da gelte ich wahrscheinlich als Familienmitglied.

Neulich allerdings ging es mir zu weit. Als mein Stromanbieter mir schrieb: «Nenn uns bitte deinen Zählerstand», da bat ich doch erst mal darum, mir mitzuteilen, wann ich der Rheinenergie das Du angeboten hätte, bevor ich weitere Schritte zur Festigung unserer Duz-Freundschaft unternehmen würde. Gut, ich bekam keine Antwort, musste aber auch meinerseits keine weiteren Freundschaftsbeweise mehr abliefern.

Klar, im Englischen ist das einfach. «You can say ‹you› to me» – alter Pennäler-Witz. Aber für mich ist das «Sie» einfach ein Ausdruck von Höflichkeit und das distanzlose Duzen das absolute Gegenteil. Das mag zu den von Altbundeskanzler Helmut Schmidt erwähnten «preußischen Sekundärtugenden» zählen, aber ich würde es vermissen, wenn es das «Sie» nicht mehr gäbe und alle rücksichtslos durchgeduzt werden sollten.

Aber das «Du» vermittelt doch Nähe, könnten Sie

jetzt einwenden. Also wenn Sie Marketing studiert hätten, käme dies Argument von Ihnen in jedem Fall. Wenn mir aber ein mir völlig Unbekannter erzählen will, dass «Dein absoluter Traumurlaub» auf Lanzarote stattfindet, dann sage ich darauf: «Du kannst mich mal ... besser kennenlernen.» Wo mein Traumurlaub stattfindet, entscheide ich - und niemand sonst. Du auch nicht, du Marketing-Rakete.

Ich sehe schon jüngere Leser (gibt es die noch?) die Stirn krausziehen - was ist denn das für ein konservativer Knacker? Mir egal, selbst da bleibe ich höflich und sage allenfalls: «Sie können mich ... gerne siezen.» Und ich versuche auch keinesfalls, dem Irrtum zu unterliegen, dass mich ein junger Mensch als Seinesgleichen ansieht, nur weil er mich duzt. Nein, da habe ich früher oft genug erlebt, dass das «Du» auch abwertend gemeint war, wenn man beispielsweise ausländische Mitbürger von vornherein duzte. Das nämlich war oft genug als das Gegenteil von Höflichkeit gemeint.

Wir haben neulich im Freundeskreis das Thema diskutiert. Auch da waren jüngere Menschen dabei, für die das Duzen selbstverständlich war. Es gibt sogar Firmen, die stolz sind auf ihre «Duz-Kultur». Die Älteren unter uns bemängelten das Wegfallen des «Sie» als Zeichen von Respektlosigkeit. Darauf wurde eingewandt, dass sich Respekt doch vor allem im Verhalten und nicht in der Anrede äußere. Natürlich ist da etwas Wahres dran. Aber wenn jetzt, wie man hört, sogar die Deutsche Bahn in der Kundenansprache generell auf das Du umschwenkt, verstärkt das diesen Trend. Nur wenn ich dann «Du, Bahn» sage, hat das wirklich mit Respekt nichts mehr zu tun.

Und dann gibt es noch so ein Thema unter «Höflichkeit». Klar, die Tür aufhalten, in den Mantel helfen – kennen wir und machen wir. Selten. Immer weniger. Gibt ja immer mehr automatische Türen, und die Winter sind so jetzt so warm, da braucht man keine Mäntel mehr. (Hüstel).

Neulich in der Du-Bahn bin ich richtig zusammengezuckt, als plötzlich neben mir ein Mann deutlich nicht germanischer Herkunft auftauchte und mir auf die Schulter tippte. Automatisch wollte ich in Abwehrhaltung gehen, als er plötzlich fragte: «Wollen Sie sich setzen?» und auf den Platz deutete, den er gerade für mich geräumt hatte. Automatisch wollte ich schon sagen: «Danke, so alt bin ich noch nicht», aber dann dachte ich mir: «Warum eigentlich nicht? Wenn er schon so freundlich ist...», bedankte mich und nahm Platz. Ich konnte mir dann aber nicht verkneifen, noch nachzuschieben: «Das passiert einem heute nicht mehr so oft...» Anerkennendes Nicken rings um mich herum, vor allem von denen, die nicht aufgestanden waren.

Eigentlich meine ich aber die sogenannte Höflichkeit der Könige, die Pünktlichkeit. Dieser Spruch wird Ludwig dem XVIII. zugeschrieben, der – im Gegensatz zu den einfachen Menschen – über eine Uhr verfügte und daher immer pünktlich sein konnte. Das ist allerdings nicht gesichert, und mein Freund Jürgen machte mich darauf auf-

merksam, dass es Uhren ja bereits sehr viel früher gab ...
und ich schweife schon wieder ab.

Wissen Sie noch, was diese «Pünktlichkeit» war? Dann
haben Sie glückliche Freunde. Bislang gilt das mit der
Pünktlichkeit häufig nur noch für die «Tagesschau»,
die kommt seit fast 70 Jahren immer um 20 Uhr. Aber
sonst?

- Dass meine Studenten zum Beginn einer Vorlesung
  NIE alle da sind – daran habe ich mich gewöhnt.
- Dass ich beim Arzt einen festen Termin ausmache,
  selbst natürlich pünktlich bin und dann trotzdem
  noch lange warten muss, ohne dass es auch nur ir-
  gendjemanden kümmert oder dass man vorgewarnt
  wird – daran möchte ich mich eigentlich nicht gewöhnen.
- Dass bei einer Hotline allenfalls die Ohren aufgrund meist scheußlicher Musik heiß laufen, bis
  man endlich jemanden an der Strippe hat – daran
  will ich mich auch nicht gewöhnen.

Und schon sind wir wieder bei meinen Lieblingsunter-
nehmen – bei Eurowings und bei der Deutschen Bahn.
Inzwischen kann man noch die häufig überforderte
Deutsche Verwaltung dazuzählen (Gruß nach Berlin). Komisch, dass man immer wieder an denselben Stellen landet, wenn es um absolute Ärgernisse geht. Und dass sich
seit Jahren nichts ändert, obwohl das ebenso gebetsmüh-
lenartig versprochen wird. Ob uns was fehlen würde?
Also mir nicht.

Und doch stellen sich mir sofort Fragen:

- Wenn ein (meist junger) Mensch in der Bahn seine turnbeschuhten Füße auf den gegenüberliegenden Sitz legt – ist das nur Gedankenlosigkeit oder schlechte Erziehung?
- Wenn sich an der Bushaltestelle die einsteigen wollenden Menschen vor der Tür so knubbeln, dass keiner aussteigen kann – ist das nur Gedankenlosigkeit oder Dummheit?
- Wenn ein Mensch an der Kasse trotz langer Schlange mühsam Münze für Münze sucht, um dann am Ende festzustellen, dass es knapp nicht reicht und mit einem Schein bezahlt – ist das nur Gedankenlosigkeit oder Chuzpe?
- Wenn jemand in einer knallvollen Bahn seinen Rucksack oder ihre Tasche auf den einzigen freien Sitz neben sich stellt – ist das nur Gedankenlosigkeit oder schlicht unhöflich?

Wahrscheinlich ist die fehlende Höflichkeit häufig einfach nur Egoismus und eine unglaubliche Gedankenlosigkeit. Hoffe ich (grins).

Mit Gedankenlosigkeit meine ich nicht jenen angenehmen Zustand, in dem man sich manchmal kurz vor dem Einschlafen befindet, sondern die eher als unangenehm empfundene Tatsache, dass manche Menschen auch im wachen Zustand in der Lage sind, ihren Verstand kurzzeitig auszuschalten. Und natürlich habe ich Beispiele – leider mehr als genug.

So befand ich mich neulich auf einer Urlaubsreise, und

das ist ja immer ein Born der Inspiration. Man hat Zeit, um alles um einen herum genau wahrzunehmen, wird nicht durch den Alltag abgelenkt und kann seiner natürlichen Neugier ganz ungeniert nachgeben. Und so bemerkte ich, dass unsere koreanischen Mitreisenden ihre eigenen Nudeln mitgebracht hatten. Nun ja, warum auch nicht, auch viele Engländer essen in Spanien gerne Fish and Chips, und viele Deutsche bevorzugen im Land der Tapas die Currywurst. Jeder, wie er mag.

Ein weiteres Beispiel: Auf meiner Kreuzfahrt wurden wir für die Ausflüge in Bootsgruppen eingeteilt, die nach Tieren benannt wurden. Und offensichtlich fand es niemand außer mir bemerkenswert, wenn plötzlich aus dem Lautsprecher der Nordlandreise eine Ansage kommt, die da lautet: «Dies ist der letzte Aufruf für die Eisbären!»

Also ich zucke dabei jedes Mal zusammen, und es läuft mir eiskalt den Rücken herunter. Das wird nur noch übertroffen von: «Alle Orcas auf Deck 3», weil ich mir das dann gerade bildlich vorstelle. Das Kreuzfahrtschiff sozusagen als Arche Noah. «Die Blauwale aus Platzgründen bitte aussteigen!»

Nein, die von mir gemeinte Gedankenlosigkeit äußert sich eher darin, dass jemand sich einen Dreck darum schert, wie sein Verhalten auf andere, zum Beispiel auf fremde Mitreisende, wirken könnte, auch wenn es sie mit betrifft. Aber ich habe Beispiele versprochen, hier kommt ein weiteres.

Am ersten Abend gab es für die neuen Gäste ein kleines Willkommenskonzert, alle waren fröhlich und gespannt und freuten sich auf die Reise und die neuen Eindrücke.

Ein Duo betrat die Bühne – ein junger, vielhaariger Mann schraubte an den Mikrofonen und schloss seine Gitarre an. Ein sehr gut aussehendes junges Mädchen, ebenfalls mit Gitarre, stellte sich an eines der Mikrofone. Die Stimmung war heiter und gelöst, der Begrüßungsapplaus war freundlich. Und das junge Mädchen begann zu singen.

«The earth is dying, the animals are dying and we are dying, too.»

Natürlich ist insbesondere der letzte Teil dieser Aussage eine nicht zu bestreitende Tatsache, dennoch rieb man sich verwundert die Augen – also im übertragenen Sinne.

Zu sehen gab es ja sonst nichts Besonderes, zu hören übrigens auch nicht. Die Stimme der – ich bleibe freundlich – von sich selbst überzeugten Sängerin changierte zwischen Reibeisen und greinendem Kleinkind, weshalb meine mitreisende Freundin ihr den Spitznamen «singende Säge» verpasste, der aufgrund seines Zutreffens alsbald von vielen Mitreisenden übernommen wurde.

Aber unabhängig von den nur rudimentär vorhandenen musikalischen Talenten – wie kann man an so einem Abend dem Publikum als Eröffnung mit so einem Thema kommen? Noch dazu waren wir auf einer Kreuzfahrt, und gerade diese Art zu reisen steht wegen ihrer Umweltbilanz doch mehr als in der Kritik, warum also diese Vorwürfe noch an Bord allen vor Augen beziehungsweise Ohren führen?

Verstehen Sie, was ich mit Gedankenlosigkeit meine?

Auch die Gedankenlosigkeit im Umgang miteinander kann man sehr schön beobachten, wenn man genauer hinschaut. Und das habe ich – ich hatte ja Zeit. Ein kleiner Dialog soll als Beispiel dafür dienen, wie der Alltag offensichtlich manche Paare dazu gebracht hat, nicht mehr wirklich daran zu denken, was Sätze auslösen können. Szenen so manch einer Ehe.

Er: «Möchtest du etwas trinken?»

Sie: «Ja, gerne.»

Er: «Dann bestell dir etwas beim Ober.»

Das hat sich kein Comedyautor ausgedacht, das schrieb das Leben. Genau wie die folgenden Dialoge:

Sie: «Wo sind die Kinder?»

Er: «Keine Ahnung! Sind doch schon groß ...»

Sie: «Sind sie nicht.»

Er: «Sind das deine oder meine ...»

Sie: «Unsere.»

Er: «Ach ja ...»

Wie leicht es aufgrund der Größe eines Schiffs zu Missverständnissen kommen kann:

Er: «Wolltest du nicht oben warten?»

Sie: «Habe ich doch.»

Er: «Nein, jetzt bist du hier unten.»

Sie: «Ich bin doch noch oben an Bord und nicht unten im Hafen.»

Und dann war da noch folgender Wortwechsel angesichts

eines Eisbergs, der für mich in der Hitliste der Ehedialoge eindeutig einen der vorderen Plätze belegt und schon fast die Qualität eines Loriot aufweist:

Sie: «Fotografier doch mal diese Stelle.»

Er: «Welche Stelle?»

Sie: «Na, die da drüben!»

Er: «Ich sehe keine Stelle.»

Sie: «Bist du blind, die blaue da.»

Er: «Welche blaue denn?»

Sie: (ungehalten) «Na, die da!»

Er: «Mach's doch selber.»

Sie: «Wie denn, du hast doch den Apparat.»

(Stille)

Sie: «Jetzt ist die Stelle weg.»

Da weiß man, woher viele Künstler ihre Inspiration zu Gedichten über die Vergänglichkeit der Liebe bekommen haben müssen – einfach mal auf Reisen gehen. Dann wäre ihnen vielleicht, genau wie mir, ein Ehepaar aufgefallen, das erbittert mit dem Kellner um einen Tisch am Fenster argumentierte.

Es war aber auch ein toller Tag, die Sonne strahlte von einem blitzblank geputzten blauen Himmel, dazu eine tolle Aussicht auf die Landschaft. Sie setzen sich. Und der Mann zog als Erstes den Sonnenschutz herunter. «Blendet so», sein Kommentar. Das war es dann mit der Aussicht – für die beiden und für alle drum herum. Sie erinnern sich an die Überschrift dieses Kapitels?

Ich bin sicher, Sie alle haben diese Zeitgenossen im Urlaub schon kennengelernt, es sind einfach Prototypen, die zu jeder Reisegruppe dazugehören und die man auch schon nach wenigen Tagen eindeutig identifizieren kann.

Da ist die «Nervensäge», nicht zu verwechseln mit ihrer singenden Schwester. Ein Typ Mensch, der oder die allen mit Fragen an Reiseleiter oder Guide unglaublich auf den Keks geht, alles und alle aufhält und den man nur aufgrund der eigenen guten Laune einigermaßen ertragen kann. Folgende echte Situation – «Echt, ich schwöre!» – (auch so eine Formulierung, von der man sich fragt, warum sie Einzug in die Jugendsprache gefunden hat, worüber noch zu reden sein wird):

Ein sogenannter Kulturhistorischer Spaziergang führt uns durch eine vergleichsweise alte Hafenstadt mit vielen gut erhaltenen Gebäuden. Auftritt Nervensäge: «Wie hoch sind denn hier die Mieten?» – «Was verdient eine Kassiererin im Supermarkt?» – «Was verdient man in der Fischerei?» – Für manche Zeitgenossen bemisst sich Kultur eben ausschließlich nach Geld.

Und dann ist da noch der «Lehrer» respektive die «Lehrerin». Diese Figur weiß alles, und vor allem weiß sie alles besser. Und das lässt sie ihre Umwelt auch sofort und lautstark wissen. Kleine Ungenauigkeiten in der Übersetzung des fremdsprachigen Guides durch den Reiseleiter werden augenblicklich korrigiert, egal wie nebensächlich sie sein mögen. «Sie haben vergessen, die Rampe zu erwähnen!» Ja, schrecklich, wie konnte das nur passieren!

Und auch dem Guide selbst wird auf die Sprünge geholfen. Auf eine Bemerkung hin, es sei doch schade, dass hier keine Bäume zu sehen seien, sagte der Einheimische doch tatsächlich, dass es hier in der Gegend leider keine Wälder gebe. Oho, das schrie aber nach sofortiger Richtigstellung «Doch, im Süden des Landes ist ein kleines Wäldchen!» Nimm das, du unwissender Eingeborener. Leg dich nie mit einer deutschen Lehrerin an!

Glücklicherweise mussten wir keine Aufsätze schreiben, so im Stil von «Mein schönstes Ferienerlebnis» - sie wäre dann nämlich sicher nicht darin vorgekommen.

Ob manche Menschen einfach nicht aus ihrer Haut können?

Ich glaube wirklich, es ist einfach nur Gedankenlosigkeit. Denn wenn es mangelnde Höflichkeit wäre, dann wäre das ein echter Grund, sich darüber aufzuregen.

Man kommt ja zu nix!

Sicher kennen Sie das Vorurteil: Wer Rentner ist, hat niemals Zeit! Als junger Mensch hat man darüber gegrinst. Ich auch. Meine Mutter drückte es anders aus: «Man kommt ja zu nix!», sagte sie immer und vermied damit schon damals eine geschlechtsspezifische Festlegung beim Wort «Rentner». Kluge Frau, sage ich Ihnen. – Heute würde ich über meine damalige Arroganz lachen – wenn ich denn Zeit hätte. Man kommt ja zu nix!

Sicher – es gibt gute Gründe, ich brauche eben für alles etwas mehr Zeit. Und nehme mir mehr Zeit. Okay, das geschieht nicht NUR freiwillig – man wird nun mal in allem etwas langsamer. Ich gehe nicht mehr so schnell, ich brauche ab und an mal eine Pause. Und oft bin ich nachmittags so müde, dass die Pause auch gern etwas länger werden darf. Warum auch nicht, denn wenn wir Zeit hätten, dann hätten wir ja Zeit … andererseits … es gibt aber auch immer was zu tun.

Ein Beispiel? Bitte schön!

Ich habe schon länger eine Tageszeitung abonniert – nicht online, nein so richtig aus Papier, falls Sie sich noch daran erinnern –, und erst in der letzten Zeit fiel mir auf, dass samstags in einem Teil dieser Zeitung ganz viele Todesanzeigen stehen. Hab ich früher immer überblättert, aber inzwischen … – vielleicht kenne ich da ja jemanden, also eher, ich habe ihn oder sie mal gekannt. – Und irgendwie fällt mir auch auf, dass mein eigener Geburts-jahrgang dort inzwischen auch häufiger zu finden ist. Gut, das ist natürlich Zufall. Aber um diesen Teil der Zeitung genau durchzuarbeiten, da braucht man eben Zeit.

Anderes Beispiel – um den Kopf anzustrengen und die grauen Zellen zu fördern, gilt ja das Lösen von Kreuz-worträtseln als probates Mittel. Nun sind mir nicht alle Höhenzüge der europäischen Mittelgebirge vertraut, und auch die Nebenflüsse der Donau kenne ich nur bis Pas-sau aus dem alten Reim in Erdkunde: «Iller, Lech, Isar, Inn ...», Sie wissen schon.

Aber mein Ehrgeiz lässt dann einfach keine Lücken im Rätsel zu. Also sitze ich am Küchentisch, links der Com-puter für die Suchmaschine, rechts «Bertelsmanns Uni-versal Lexikon» und der «ADAC Atlas Europa» – also bes-tens ausgerüstet. Und dann fragen die nach einem Fluss in Afrika! Und ich hatte erst neulich den alten Schulat-las weggeworfen. Dachte mir: Den hast du jetzt 50 Jahre nicht mehr gebraucht, nun kann er weg. Und dann fragen die nach Afrika! Da geht die Sucherei los! – Kein Wunder, dass man zu nix kommt!

Letztes Beispiel – früher war man ja immer in Eile. Im-mer! Und wenn mir dann eine Nachbarin oder ein Nach-bar im Hausflur begegnete, reichte es allenfalls für ein knappes «Guten Tag» oder «Hallo», je nachdem, wer es war. Heute weiß ich, wie ungesellig das gewirkt haben muss. Und da kann ich doch zumindest versuchen, die-sen schlechten Eindruck wiedergutzumachen. Also frage ich ein wenig, wie es denn so geht, was die Kinder machen und so. Das ist keine Neugier, das ist Zuwendung! Und Zuwendung braucht Zeit! Kein Wunder also, dass man …, aber das sagte ich schon.

Schon der olle Goethe hat sich 1825 in einem Brief an seinen Freund Zelter darüber beschwert, dass alles «ultra», also übertriebener und schnelllebiger geworden sei – und dabei gab es damals noch kein Telefon, kein Fax, kein Internet, keine asozialen Netzwerke.

TikTok war allenfalls ein Geräusch, welches ein Specht an einem Baumstamm machte. Und ins Netz konnte man nur gehen, wenn man beim Baden nicht aufpasste und einen Angler störte.

Ja, das Tempo hat sich erhöht, keine Frage. Auch mir fällt das inzwischen auf, wenn im klassischen Fernsehen mal ein alter Spielfilm läuft und man dem Regisseur zurufen möchte: «Mach mal schneller, ich weiß ja, was gleich passieren wird.» Und das Ärgerliche ist dann, wenn bei der nächsten und übernächsten Wiederholung dieselbe Stelle nach wie vor zu langsam ist. Manche lernen es nie.

«Alles wiederholt sich nur im Leben» (Schiller). So auch Geburtstage. Die sind eine schöne Einrichtung und ein willkommener Anlass zu gratulieren und den Kontakt wieder aufzunehmen. Wenn man denn daran denkt. Ich nehme mir immer wieder vor, täglich in meinen Kalender zu schauen und zu kontrollieren, ob da ein Geburtstag drinsteht. Und tatsächlich! – Also lege ich den Kalender sichtbar auf den Küchentisch, damit ich daran denke anzurufen.

Aber zunächst muss ich ja noch nach der Post gucken,

einen Blick in die Zeitung werfen... man kommt ja zu nix. Und irgendwann wundere ich mich, warum der Kalender auf dem Küchentisch und nicht auf dem Schreibtisch liegt, wo er hingehört. Also packe ich ihn weg und außer Sichtweite. – Und gratuliere eben am nächsten Tag nachträglich. Und ärgere mich über mich selbst.

Im «Zukunftsmonitor 2021» las ich neulich eine Studie, in der es hieß, dass sich im Zehn-Jahres-Vergleich ein Einstellungswandel vollzogen habe.

«So ist man heute, nach Ansicht der Bevölkerung, bereits mit 67 Jahren ‹alt›. 2010 begann das Altsein noch gut drei Jahre später mit über 70 Jahren». Mit 67 Jahren alt? Da ist man doch noch in den besten Jahren! – Na gut, in den zweitbesten, eher.

Und weiter hieß es dort: «Fakt ist zudem: In den vergangenen 50 Jahren hat sich die Anzahl der Über-60-Jährigen in Deutschland um 50 Prozent erhöht, von 16 Millionen auf 24 Millionen. Und in 20 Jahren werden es dann 28 Millionen sein.» – Leute, wir sind dann die relative Mehrheit! Dann wird die Straßenbahn endlich mal nicht ein paar Minuten VOR der Zeit abfahren, sondern warten, bis wir pünktlich an der Haltestelle sind.

Mein Lieblingsradiosender hat ja schon reagiert. Die spielen jetzt keine ollen Kamellen und Oldies mehr, sondern nur noch die aktuellen Titel – also die aktuellen aus meiner Jugendzeit. Kein Wunder, dass sich – so sagt die Studie – auch immer mehr Menschen auf das Älterwerden freuen. Die wissen, was sie erwartet. Schon der olle Cicero – also der Philosoph, nicht die Zeitschrift – nannte die älteren Menschen im noch älteren Rom: «Vigens, pius et honestus» - tüchtig, fromm und angesehen. Recht hatte er.

Also nix mehr mit Jugendwahn, Germanys next Topmodels sind alle über 60! Und die Moderatorin ist Claudia Schiffer. Gut, die ist mit ihren 50 Jahren noch ein Küken, aber das wird schon noch! Sie hat ja noch Zeit!

Und ich zitiere noch einmal die Studie: «Denn die allermeisten Alten von heute sind oft körperlich und geistig fit, zeigen sich interessiert und aufgeschlossen, gehen selbstbewusst und gelassen durchs Leben. Sie müssen weder sich noch ihren Mitmenschen etwas beweisen. Sie werden von der Politik, Finanz- und Konsumwirtschaft umgarnt und genießen es, wohl wissend um ihren Stellenwert.» Nachzulesen auf www.zukunftserwartungen.de.

Da steht es - wir Älteren sind die Zukunft! Wir werden umgarnt und bekommen Angebote. Wenn man die bloß alle annehmen könnte - aber man kommt ja zu nix!

Jetzt zugreifen!

Ist Ihnen auch schon aufgefallen, wie wir ständig unter Druck gesetzt werden? Sollten Sie zufällig mal einen Teleshopping-Kanal ... ich weiß, das sieht NIEMAND, aber es könnte ja sein, dass Sie beim Zappen so rein zufällig ... also, da steht bei jedem Angebot, wie wenig Exemplare nur noch vorrätig sind. Also, da muss man doch jetzt zugreifen!

Bei Amazon steht häufig im Netz: «Nur noch 1 auf Lager. Mehr ist unterwegs». Ja, wer weiß, wann das ankommt. Da war doch dieser Frachter im Suezkanal, der den Nachschub verstopft hat, und ich lese immer, dass es zu wenig Container gibt – also lieber jetzt zugreifen!

Lohnt es, sich darüber aufzuregen? Nein, es lohnt nicht. Das ist doch so eindeutig, wie man versucht, uns zu manipulieren. Selbst wenn, ich betone «wenn», es mal einen Mangel an was weiß ich gibt – geht davon die Welt unter? Am Anfang des Lockdowns vor einigen Jahren haben die Deutschen bekanntlich Klopapier gehortet – hat es dann eine Verstopfung des Marktes gegeben? (Das Bild habe ich bewusst gewählt, sorry für den Kalauer.)

Wir kennen das aus dem Marketing. Wie soll man denn ein altbekanntes Produkt noch verkaufen? Alle kennen diese berühmte Waschmittel-Marke, wie also mache ich darauf aufmerksam? Sie wird ganz einfach «neu»! Was bitte ist an einem Waschmittel neu? Es wäscht sauber, ja und? Das ist sein Job. Noch sauberer? Mit bloßem Auge kaum erkennbar? Eben neu?

Oho – es hat eine «verbesserte Rezeptur». Ja super, hilft es jetzt gegen Halsschmerzen und soll ich damit gurgeln, oder was? Ich könnte mich schon wieder aufregen.

Und wenn es ist nicht «neu» ist, dann ist es knapp. Auch bei den Sonderangeboten im Internet heißt es ständig: Nur noch heute! Nur am Black Friday! Oder am Blue Monday! – Und warum? Weil es Druck aufbaut und uns von der eigentlich entscheidenden Frage abhält: Brauche ich das wirklich?

In einem Fall aber rate ich Ihnen wirklich, jetzt sofort zuzugreifen. Sollten Sie für irgendetwas eine Ausrede brauchen – egal was: Reifenpanne, verschlafen, vergessen, keine Lust –, Sie hatten eine Zeit lang immer die perfekte Ausrede: PANDEMIE!

Schon deshalb brauchen wir die unbedingt, wer soll denn sonst schuld sein? Und ist es nicht die Fledermaus-Corona, dann die Affenpocken, die Vogelgrippe oder die Schweinepest. Irgendein Viech wird sich schon finden, dem wir die Schuld in die Schuhe schieben können.

Zu hohe Benzinpreise? Pandemie! – Zu wenig Lkw-Fahrer in Großbritannien? Pandemie – nicht etwa der Brexit, denn der ist natürlich segensreich, und wenn einer schuld ist, dann die EU.

Es wird nicht genug geimpft? Pandemie! Klar, denn ohne die Pandemie bräuchten wir ja keinen Impf-Marathon. Ich persönlich bin kein Impf-Kritiker, bin mir aber sicher, dass gute Argumente mehr ziehen als Druck, auch wenn die meisten Marketing-Experten das sicher anders sehen, sonst wäre der Druck ja nicht zu erklären.

Die Inflation steigt, stagniert oder sinkt? (Suchen Sie es sich aus.) – Pandemie! Ja, regen Sie sich nicht auf, sondern beweisen Sie mal das Gegenteil. Mal wird zu wenig konsumiert, dann wieder wird Konsum nachgeholt oder wir haben mündige Verbraucher. Irgendeine Begründung trifft garantiert zu.

Und zur Not gibt es obendrauf ein wissenschaftliches Gutachten irgendeiner amerikanischen Universität, die bekanntlich für Geld ... Ja, Forschung ist eben teuer.

Ergebnis der letzten Wahl? Pandemie. Gut, ist weit hergeholt, aber wenn ich lange genug nachdenke, wird mir schon noch irgendein Zusammenhang einfallen.

Und apropos Marathon – die Wahlschlamperei in Berlin? Pandemie. Wer kann denn auch ahnen, dass so viele Menschen einerseits wählen und andererseits laufen wollen. Das geht doch eigentlich gar nicht gemeinsam. Ging auch nicht? Eben, sag ich ja.

Sie sehen – Pandemie geht immer. Und passt auf alles. Nur nicht auf die Realität, aber als ob es darauf nun wirklich ankommt. Hauptsache, wir haben eine gut klingende und allen einleuchtende Erklärung und andere sind schuld, über die wir uns aufregen können. Wir waren das doch nicht! Wir haben doch alles getan ...

Ja, eben.

Da wurde viel Energie verschwendet (im wahrsten Sinne), um die Industrieproduktion von nationaler (und teurer) Vorratshaltung auf «just in time» umzustellen, was heute heißt «mit Verspätung» und «leider etwas teurer» – und dabei rede ich nicht einmal von der Deutschen Bahn. Die Chips kommen aus Asien, der Stahl aus Brasilien und die Verzweiflung aus Deutschland. Just in time. Ja, die Pandemie ist teuer.

Sie erinnern sich vielleicht noch an den Aufschrei, als vor langer Zeit bekannt wurde, dass «fangfrische Krabben» aus der Nordsee anschließend auf Eis in Kühllastern nach Marokko gefahren, dort im gefrorenen Zustand aus der Schale gepult und anschließend wieder unaufgetaut nach Deutschland gefahren wurden. Nur um dann hier wieder als «fangfrisch» verkauft zu werden.

Heute würde das niemanden mehr aufregen – Pandemie! Würde man den ökologischen Fußabdruck dieser Krabben messen, stammte der sicher von einem Yeti! – Aber Krabben gibt es sowieso nur noch kurze Zeit, denn die Meere sind überfischt. Also jetzt zugreifen!

Sie sehen, hätte es die Pandemie nicht gegeben, man hätte sie erfinden müssen. Aber keine Sorge, so weit gehe ich nicht. Ich rate Ihnen nur: Wenn Sie momentan eine Ausrede brauchen, dann nutzen Sie die Gelegenheit. Sicher, die nächste Pandemie wird irgendwann kommen, aber niemand weiß genau, wann.

Also deshalb jetzt zugreifen!

Risiken und Nebenwirkungen

Frage: Woran erkennt man sofort, dass es sich um einen älteren Menschen handelt? Wenn der Geburtstagswunsch abschließt mit: «Vor allem Gesundheit!» Und es sich bei dem Geschenk um ein Jahresabo der «Apotheken Umschau» handelt.

«Wie geht's?» gehört sicher zu den meistgestellten Fragen und hat oft die Qualität einer Dialogeröffnung, in der Häufigkeit ähnlich zu: «Schönes Wetter heute» oder «Mieses Wetter heute» – je nach Lage der Dinge.

Ein großer Vorteil ist dabei: An der Qualität der Antwort erkennt man sofort, wie das Gegenüber tickt. Die meistgenutzte und sehr freundliche Antwort lautet: «Super!», an der man sofort die notorischen Lügner erkennt. Lautet die Antwort hingegen: «Muss!», so weiß man, dass es sich um einen maulfaulen Zeitgenossen handelt. Es sei denn, es wäre jemand aus Westfalen, dann entspräche das dem «Super!» und damit auch dessen Einschätzung, siehe oben.

Und dann gibt es diejenigen, die auf diese einfache Frage hin schlagartig in der Lage sind, sämtliche ärztlichen Bulletins der letzten Jahre auswendig vorzutragen. Bei ihnen bleibt einem nur die Flucht. Und das nächste Mal nimmt man besser die Wetter-Eröffnung.

Außerdem fiel mir auf, dass wir im Freundeskreis inzwischen mehr Zeit mit dem Austausch von Ergebnissen von Arztbesuchen verbringen, als von Urlauben oder Ausflügen zu erzählen. Gut, ich verbringe ja jetzt auch gefühlt mehr Zeit in Wartezimmern als in Wartehallen am Flughafen oder Bahnhof.

Ich antworte meistens auf die Wie-geht's-Frage mit: «Am liebsten gut!» Das entspricht nicht nur den Tatsachen, sondern auch meiner wirklichen Einschätzung. Denn wem ginge es nicht immer gerne gut, gleichzeitig wissen wir alle, dass das nie der Fall ist – und nie der Fall sein kann. Mit zunehmendem Alter nehmen eben auch die Zipperlein zu. Beim Gebrauchtwagen wissen wir, dass Verschleiß normal ist. Beim Gebrauchtmenschen ist es das aber eben auch.

Bei mir begann es vor längerer Zeit damit, dass ich eines Morgens etwas spät dran war und zum Flughafen musste. Ich wollte deshalb telefonisch von zu Hause aus einchecken, hatte aber die Nummer der Lufthansa nicht und schlug suchend das Telefonbuch auf. Es war früher Morgen, ich war relativ ausgeschlafen und stellte dennoch erneut fest, dass irgendwer im Telefonbuch die Größe der Buchstaben und Zahlen verringert haben musste. Ich konnte das fett gedruckte «Deutsche Lufthansa» entziffern, aber die dazugehörigen Ziffern der Telefonnummer waren einfach zu klein geworden. Wahrscheinlich um Papier zu sparen und den Umfang des Telefonbuches zu verringern.

Als ich später auf eine Wie-geht's-Frage empört darüber berichtete, kam nur der lapidare Kommentar: «Ja, wenn man älter wird, braucht man eben eine Brille!» Frechheit!

Ich beschloss, für die nächste Zeit diese Eingangsfrage zu ignorieren.

Nicht ignorieren konnte ich allerdings die Tatsache, dass dieser Kommentar wohl doch nicht so ganz von der Hand zu weisen war, was mir mein Augenarzt später bestätigte. Also, ich will Sie jetzt nicht mit dem kompletten Befund langweilen, aber ...

Nein, schon gut. Seitdem trage ich Brille.

Und damit ging es los, das erste Ersatzteil war im Einsatz. Und ich wusste: Weitere würden folgen. Und deshalb wurde daraus dann dieses: «Am liebsten gut!» Jahrzehntelang hatte ich mich daran gewöhnt, dass mein Körper immer durch den TÜV kam und funktionierte, mal mit und mal ohne Sport.

Und nun sprach mir plötzlich die Kölner Musikgruppe «De Höhner» aus der Seele, wenn sie sangen: «Alles, was ich will, macht dick, ist verboten oder kostet zu viel.» Gut, das mitzusingen ist gerade eben noch erlaubt und unschädlich – außer in Corona-Zeiten. Dann nur mit Maske.

Zwar lassen wir Männer unsere Umwelt gern deutlich wissen, wenn wir mal krank sind, aber das gilt ja nur für Fieber ab 37 Grad aufwärts. Für meine Mutter galt das allenfalls als «erhöhte Temperatur» und war noch kein Grund, mich nicht zur Schule zu schicken, aber wir Männer wissen, dass 37 das neue 40 ist – also mindestens, denn im Normalbetrieb würden wir körperliche Schwächen doch nur dann zugeben, wenn es sich um bislang unbekannte und unheilbare Krankheiten handelt, die wir seit über 60 Jahren erfolgreich bekämpfen. Blutdruck oder Rücken hat schließlich jeder!

Aber wir sind ja findig. «Weniger rotes Fleisch essen», sagte der Arzt. Also lassen wir die Welt wissen, dass wir sie retten können, wenn wir alle weniger Steaks essen würden, weil die Kühe ja dieses Methan ausstoßen. Nur deshalb gehen wir mit gutem Beispiel voran. – Und Alkohol gibt es natürlich nur in Maßen, denn schließlich konserviert man ja nicht umsonst Würmer darin, und wer gibt schon zu, dass bei ihm der Wurm drin ist.

Meinen Freunden kann ich in einer schwachen Minute durchaus gestehen, dass mein Blutdruck auch schon bessere Tage gesehen hat, aber meinem Arzt gegenüber würde ich das in gar keinem Fall zugeben. Sonst kommt noch jemand auf die Idee, schon mal den Austauschmotor zu bestellen – ich bin aber kein Oldtimer! Jedenfalls noch nicht! Auch wenn ich das Gefühl habe, dass es jeden Tag ein bisschen früher «schon spät» wird.

Okay, das Chassis hat schon so manche Delle bekommen, aber so insgesamt …

Tja.

Mal ehrlich.

Machen wir uns nix vor, liebe Alters- und Geschlechtsgenossen. Auch wenn wir uns nicht so fühlen – der Seniorenpass ist nun einmal für Menschen wie uns erfunden worden. Finden wir uns damit ab. Und wenn man mir in der Straßenbahn den Platz anbietet, nehme ich ihn inzwischen. Bevor sich irgendein junger Schnösel mit erst Mitte 40 dorthin setzt.

Auf die Frage: «Kann ich helfen?» MUSS man nicht entrüstet mit «Nein!» antworten, es ist absolut unschädlich für die Umwelt und das Klima, wenn man ein Hilfsangebot auch annimmt.

Und selbst im Fitnessstudio, in dem es ja vormittags ohnehin von jungen Leuten unseres Alters nur so wimmelt, muss man auf die Frage des Trainers nach dem Befinden nicht mit «Topfit!» antworten. Auch nicht mit «Muss!», obwohl es in dem Fall meist sogar stimmt. Selbst dort ist ein «Am liebsten gut» immer angebracht und stimmt in jedem Fall.

Also: Wie geht's?

Ja, wir älteren Herrschaften müssen eben mehr auf uns achten, die Zipperlein nehmen zu und die eine oder andere Fähigkeit ab.

Ich habe bereits seit einiger Zeit das Gefühl, dass in meiner Gegenwart viele Menschen nur noch flüstern. Ich habe ihnen zwar zu verstehen gegeben, dass sie ruhig normal sprechen sollen, ernte aber stets verständnislose Blicke. Und meine Fähigkeit zum Lippenlesen ist nur rudimentär vorhanden, wie ich gestehen muss.

Also sprach ich mit meinem Hausarzt darüber und der meinte, wir sollten mal einen Görest machen. Auf meine interessierte Frage, was denn das für eine neue Erfindung sei, erläuterte er mir, dass er einen «Hörtest» gemeint hat. Warum hat er das dann nicht gesagt?

Nach der Meinung meines Arztes ergab der Test, dass ich ein Hörgerät benötige. Ich solle einfach mal verschiedene Modelle ausprobieren, um herauszufinden, welches für mich geeignet sei. Ich fand das absolut überflüssig, ich konnte das ganz gut von seinen Lippen ablesen. Aber okay, wenn ihn das glücklich machen sollte ...

Also machte ich einen Termin bei einem Akustiker, und erneut gab man mir die Aufgabe, Worte zu wiederholen oder Zahlen nachzusprechen. Ich fand, dass ich wunderbare Ergebnisse erzielte, der Akustiker kam allerdings zu einem anderen Ergebnis. Ein ausgesprochen kleinlicher Mensch, ist doch der Unterschied zwischen «dreißig» und «fleißig» nun wirklich nicht gravierend. Also akustisch, inhaltlich natürlich schon. Wie bei «einundneunzig» und «eine freut sich». Mit hat es dennoch gefallen.

Dann bekam ich ein Testgerät mit der Bitte, es nun täglich zu tragen. Und zwar im Ohr, nicht in der Tasche. Und er legte es mir gleich an und bat mich, mit ihm vor die Tür zu treten. Holla, an was für einer lauten Straße das Geschäft lag. Mir flog fast das Ohr weg. Nein, da könnte ich nicht arbeiten.

Nach ein paar Einstellungen an seinem Computer, die dann irgendwie auf magische Weise das Gerät erreichen sollten, durfte ich gehen. Und ich solle bitte nicht an den Reglern des Gerätes spielen. Was für eine unnötige Aufforderung. Würde ich nie machen. Hatte ich nämlich schon versucht, aber diese Regler sind so klein, da kam ich mit meinen männlichen Fingern überhaupt nicht dran. Also ließ ich es.

Zu Hause suchte ich dann erst mal das WC auf, war ja

ein langer Tag. Als ich den Abzug am Wasserkasten betätigte, sprang ich erschrocken auf. Ich hatte die Niagarafälle im Badezimmer. Irgendwer musste in meiner Abwesenheit die Wasserleitung erweitert haben, und nun spülte dieser Wasserfall mit Macht durch meine Kanalisation!

Ich wollte schon die Notfallnummer meines Installateurs wählen, als mir auffiel, dass auch das Freizeichen meines Telefons die Lautstärke einer Feuersirene hatte. Ob das eventuell mit dem Teufelszeug in meinen Ohren ...

Ich nahm es heraus.

Und mich umfing eine paradiesische Ruhe. Der Wasserkasten säuselte nur noch, mein Telefon gab ein leises Schnurren von sich. Himmlisch! Die Welt war wieder in Ordnung.

Am nächsten Tag brachte ich die Höllenmaschinen wieder zurück. Ich wollte schon gehen, da hielt mich der akustische Folterknecht auf und gab mir zwei klitzekleine Geräte, die völlig unschuldig in ihrer Schachtel vor sich hin glitzerten. Okay, ich konnte ihm nicht abschlagen, diese Winzigkeiten zu testen, zumal sie absolut im Ohr verschwinden würden, man sie also nicht einmal sehen könnte. Zwei kleine durchsichtige Nylonfäden würden nur benötigt, um die Geräte zum Aufladen herauszunehmen und in dem Schächtelchen verschwinden zu lassen. Süß, die Kleinen!

Ich setzte sie mir also ein und ging, begleitet vom akustischen Inferno meiner Stadt, nach Hause. Zu Hause sah ich in den Spiegel und erschrak zu Tode. Ich hatte mich in einen Alien verwandelt. Links und rechts ragten zwei Antennen aus dem Ohr! Sicher würde gleich ein UFO kommen und mich nach Krypton mitnehmen! E.T. will nach Hause telefonieren!

Dann fiel mir ein, dass es sich ja auch um die angeblich so durchsichtigen Nylonfäden handeln könnte – und so war es. Raus mit den Dingern! Und erneut überkam mich jenes heimelige Gefühl von Ruhe und Entlastung.

Nun ja, was soll ich sagen. Letztlich trage ich jetzt doch ab und an so ein Gerät, und meine Nachbarn danken es mir, weil sie nun nicht mehr von lauter Musik oder Filmdialogen aus meiner Wohnung bei ihrem eigenen TV-Genuss gestört werden. Sie sind halt noch jung. Gut, ich bin es nicht, und deshalb muss ich mich eben durch Sport und Bewegung fit halten, um zumindest den Anschein von Fitness zu erwecken.

Und dann hat es mich letztlich auch erwischt, allen Vorsichtsmaßnahmen zum Trotz. Corona. Ich hatte mich so oft impfen lassen, dass ich schon sicher war, dass durch meine Adern kein Blut, sondern nur noch Biontech fließen müsse. Dann hatte ich mich erkältet und wachte nachts davon auf, dass mich heftige Hustenattacken nicht mehr schlafen ließen. Ich ging also am nächsten Tag mal wieder zum Arzt und bat um ein Mittel zum Hustenstillen. Er sagte: «Hier sind Ihre Pillen, und das ist Ihr Test.»

Was soll ich sagen? Das Ergebnis war negativ, wie nicht anders zu erwarten. Der Doktor wollte sich mit diesem diagnostischen Fehlschlag seinerseits nicht zufriedengeben und bat mich, am folgenden Tag noch einmal zum

Test zu erscheinen, was ich dann auch hustend tat. Und diesmal war es nicht zu leugnen – zwei Striche, deutlich positiv. Ich wollte mich schon aufregen, aber das ging wegen des Hustens nicht. Und hätte ja auch nicht geholfen.

Also folgten Tage der Isolation. Und wenn ein Mann krank ist, will er auch, dass die ganze Welt es weiß. Meine Nachbarn wussten es sicher schon, denn lautes nächtliches Husten wird gern wahrgenommen. Also ran ans Telefon und allen, die es nicht hören wollten, mein Leid geklagt. Normalerweise antwortet man als Mann auf die Frage «Wie geht's?» ja immer mit «Super», aber jetzt half es nichts – Mann musste eine Schwäche eingestehen.

Alle Prävention, alle Fitness-Übungen, der wöchentliche Sport und das Schwimmen – nichts war diesem flächendeckenden Virus gegenüber stark genug. Da half nur: Zähne zusammenbeißen, husten und durch! – Und nach fünf Tagen war der Spuk vorbei. Aber ich schwor mir, dass nun neben der körperlichen auch die mentale Fitness besser werden sollte, damit mich künftige Mutationen dieser Viren nicht noch mal so kalt erwischen sollten.

Natürlich ist mir klar, dass Sport in diesem Zusammenhang hilfreich sein kann, und ich habe mir auch schon oft vorgenommen, diese kluge Einsicht in Aktion umzusetzen. Aber dann war mal der Sommer so extrem heiß und trocken oder der Winter kalt und nass, und auch dazwischen war das Wetter oft einfach Mist. Sie sehen also, es lag nicht an mir, wenn das nie geklappt hat und ich jetzt nach Alternativen suchten musste.

Ich habe oft gehört, dass Yoga dabei hilft, alle negativen Emotionen loszulassen und absolut zu entspannen. Und das ist ja das Gegenteil von Aufregung. Gut, ich gebe zu – bislang war Yoga für mich (und sicher auch für einige von Ihnen) allenfalls ein Gegenstand komödiantischer oder spöttischer Bemerkungen, etwa wie: «Machst du den Sonnengruß auch bei Regen?»

Dagegen hilft nur, eigene Erfahrungen zu machen, also meldete ich mich bei einem Anfänger-Kurs an und war gespannt. Wir waren an diesem Nachmittag etwa zwanzig Entspannungswillige, geimpft und getestet und durchaus gemischt nach Alter und Geschlecht. Also keine «Versammlung frustrierter Hausfrauen», wie ein Freund, genauer: jetzt ein ehemaliger Freund, es vermutete.

Der Kursleiter war ein athletischer Typ, den man eher beim Basketball vermutet hätte, und er dämpfte gleich mal unsere freudigen Erwartungen, indem er darauf verwies, dass Yoga durchaus körperliche Arbeit sei. Puh, man konnte förmlich spüren, wie sich einige Teilnehmer und Teilnehmerinnen schon fragten, ob die Entscheidung zur Kurs-Anmeldung klug gewesen sei.

Um unsere Entspannungsfähigkeit zu testen, kündigte der Coach an, mit uns ein paar Übungen im «autogenen Training» zu machen. Mit Autos kannte ich mich aus, das sollte klappen, aber ob ich ein Auto-Gen hätte, das interessierte mich durchaus. Wir sollten uns dazu hinlegen – diese Übung gefiel mir sofort.

Nun wies er uns an, dass wir gedanklich durch unsere Arme bis in die Hände reisen sollten und danach durch unsere Beine bis in die Füße – erst links, dann rechts. Und dabei ruhig liegen und atmen. Gut, dass wir das nicht mit der Deutschen Bahn tun mussten, denn da wäre wohl keiner ruhig geblieben, und viele wären zu spät in den Händen oder Füßen angekommen ... Wie bitte? Ach so, ich solle die Gedanken abschalten.

So fuhr ich also gedankenlos durch meine Gliedmaßen, und dazu musste ich in diesen Zeiten noch nicht einmal eine Maske für die Reise aufsetzen. Wie durch Watte hörte ich unseren Chefcoach, der beruhigend mitteilte, dass es manche Menschen gäbe, die dabei einschlafen würden, und das wäre absolut okay. Ich bitte Sie, wer schläft denn wohl ein, wenn er die fantastische Welt des Yoga ...

Irgendwann wurde ich geweckt, weil die Kursstunde beendet war und ein im Raum herumliegender Mensch älteren Jahrgangs (das sollte angeblich ich sein) den nachfolgenden Kurs «Russisch 2» wohl unter Umständen leicht irritieren könne. Zumal man mir nachsagte, dass ich manchmal schnarchen würde. Ich! Schnarchen! Ich bitte Sie. Über so einen Quatsch könnte mich schon wieder aufregen.

Also wenn man sich entspannen will, kann ich die erste Stunde von diesem Kurs sehr empfehlen. Danach bin ich dann nicht mehr hingegangen.

So, jetzt muss ich das Hörgerät laden, die Brille putzen und die Yoga-Matte ausschütteln. Sie sehen, ich habe pausenlos zu tun! Kein Wunder, dass man zu nix kommt!

Wortspiele (1)

Sie haben sicher schon mitbekommen, dass ich Wortspiele über alles liebe, auch wenn sie meine Umwelt oft zu einem Augenrollen, gefolgt von einem «Er nun wieder!» animieren. Egal, da müssen die durch.
Sie auch.
Ich erlaube mir deshalb immer mal wieder kleine Wortspiele einzustreuen, die in keine Geschichte passen, die ich aber liebe. Und vielleicht gefallen sie Ihnen ja auch.

So habe ich mich beispielsweise oft gefragt, warum der amerikanische Erfolgssänger und Songwriter Neil Diamond nicht längst Ehrenbürger der Stadt Neuss im Rheinland ist, obwohl sein Titel «Beautiful Noise» weltweit ein Hit war. – Warum? – Sprechen Sie den Titel mal aus.

Man sagt ja oft so zum Trost: «Weißt du, wenn sich eine Tür schließt, öffnet sich immer eine andere.» Das ist nur dann ein Trost, wenn es sich nicht um ein Gefängnis handelt.

Ich kann mich noch gut an die Zeit erinnern, als ich in der Lage war, vom Stuhl aufzustehen, ohne dabei merkwürdige Geräusche von mir zu geben. Damals war der Stuhl allerdings eindeutig nicht so hoch, das gilt auch für die Treppenstufen. Und die Treppen waren kürzer.

Wenn mich heute jemand fragt, wie mein Wochenende war oder was ich gestern getan habe, frage ich immer panisch: «Wieso? Hat dir jemand was gesagt?» – Der Effekt ist großartig!

Ich las neulich, dass eine britische Sängerin nicht auftreten durfte, weil sie Reggae-Musik mache – das sei kulturelle Aneignung, sie sei ja keine Jamaikanerin. Habe sofort alle meine Bob-Marley-CDs aussortiert, bin ja Hamburger.

Ich würde wirklich gerne dichten,
aber gelingt es mir? Mitnichten.
Doch jedes Mal, wenn ich's versuche,
endet es damit, dass ich fluche.
Und mir wird klar: Der Reim und ich,
das passt nun einmal wirklich nich.
Drum blieb ich lieber bei der Prosa,
dann ist die Welt auch wieder schön.

Schlager ist cool! Ehrlich?

«Schlager ist cool», schrieb DIE ZEIT in einem Artikel über die deutsche Musikwirtschaft und erzeugte damit eine erbitterte Leserbrief-Schlacht. Offensichtlich hatten sich über diesen Satz viele Menschen aufgeregt, die von «Verdummung» und «musikalischem Unverständnis» schrieben. Warum regt diese Musik manche Leute so auf? Ich beschloss, einen Feldversuch zu starten.

Ausverkaufte Arenen bei Helene Fischer, Tausende beim Schlagermove – da muss wohl wirklich etwas dran sein. Schlager galt doch immer als piefig, zumindest in meiner Generation. Junge Leute hörten Rockmusik und trugen Palästinenserschals – in den Siebzigern. Und nun strömt die junge Generation zu Andrea Berg und schwoft mit Giovanni Zarrella? Was ist da passiert? Muss ich mich etwa darüber aufregen?

Also sah ich mir nach langer Zeit wieder einmal eine Schlager-Show im Fernsehen an. Kennen Sie das? Da taucht plötzlich im Hirn eine Frage auf, die man nicht beantworten kann und die eigentlich völlig irrelevant für das eigene Leben ist, und man weiß, dass man sein Leben ohne jede Beeinträchtigung weiterleben könnte, auch ohne diese Frage beantwortet zu haben. Und dennoch setzt sie sich im Kopf fest: Warum heißt der Schlager eigentlich «Schlager»?

Ist das die Übersetzung des englischen «Hit», was ja

auch «schlagen» heißt? Oder war es umgekehrt – stammt der Hit vom Schlager ab? Was also tue ich – ich befrage mal wieder das Internet und die einschlägige Fachliteratur dort, zu der ich natürlich Wikipedia unbedingt nicht zähle. Und siehe da – es gibt keine eindeutige Erklärung. Na super, das hilft mir jetzt für mein Leben weiter. Eine mögliche Erklärung für den Begriff war, dieser Name käme aus dem Österreichischen, weil der Erfolg eines Musikstücks eben «wie ein Blitzschlag» einschlägt. Möglich wäre es. Aber es könnte eben auch ganz anders sein.

Gut, ich hatte ja Zeit, die Show im TV lief fast drei Stunden lang – die perfekte Tonspur für meine Recherche, und ich fand für mich durchaus spannende Geschichte und Geschichten. Mehr davon? Bitte, wenn Sie auch grade Zeit haben …, aber nicht aufregen!

Früher bezeichnete man solche Musik offensichtlich auch als «Gassenhauer», weil sie eben von den Menschen in jeder Gasse gesungen wurde – nicht immer zur Freude aller, weil abhängig von Stimmhöhe und Lautstärke. Aber das ist heute ja nicht anders, denn zum Schlager gehört auch ein Text, und diese Texte waren häufig ein Spiegelbild ihrer Zeit. Die Frivolität der «Goldenen Zwanziger» in Berlin, in denen man das «Fräulein Helen baden sehn» konnte, wich den tümelnden Liedern der Dreißigerjahre und wurde schließlich durch «Lilli Marleen» im Zweiten Weltkrieg abgelöst.

Und nach dem Krieg kam die Mut-Mach- und die Wiederaufbau-Phase, sowohl in Ost wie in West, wobei ich als Hamburger natürlich leider nur die westliche Sichtweise kennengelernt habe. Lieder wie «Am 30. Mai ist der Weltuntergang» oder «Wir sind die Eingeborenen von Trizonesien» wurden aus dem rheinischen Karneval heraus zu den Hits, die vom Radio als wichtigstem Medium verbreitet wurden. Überhaupt waren damals erste Stimmungslieder sehr erfolgreich, die vom Rheinwein oder anderen Getränken handelten, gefeiert wurde immer schon gerne. Auch bei uns zu Hause. Partykracher nannte man sie nur deshalb damals nicht, weil man den Begriff der «Party» noch nicht kannte.

Und aus dem alpenländischen Raum kamen auch die ersten Dialekt-Lieder, wie zum Beispiel das damals wohl unglaublich beliebte «Mariandl», gesungen von Maria Andergast. Österreich war zu der Zeit das beliebteste Reiseland, weil die Mobilität noch gering war und es gleich nebenan lag, und natürlich brachte man auch die Musik von dort mit. Das prägte den Schlager, genau wie es die Musik der vielen Heimatvertriebenen aus Böhmen oder Pommern tat, die ihrerseits ihre Musik pflegten und die «Oberkrainer» oder «Egerländer» zu ihren Stars erkoren. Dazu gehörte auch Hans-Arno Simon, der seiner «Anneliese» ein musikalisches Denkmal setzte.

Ungefähr zu dieser Zeit setzt nun auch meine eigene erste Erinnerung an Schlager ein. «Die süßesten Früchte fressen nur die großen Tiere» von Leila Negra und Peter Alexander habe ich sicher mitgesungen, ohne überhaupt zu verstehen, worum es in diesem Lied ging. Aber es sang ein Kind mit – das reichte mir. Und die Deutschen entdeckten den VW Käfer und damit neue Sehnsuchtsländer – ganz egal ob «Ganz Paris von der Liebe» träumte oder man sich zurief «Komm ein bisschen mit nach Italien» – die Reiselust begann auch im Schlager und führte eben später auf direktem Weg zu «Eviva España».

Für mich und die Jugendlichen meiner Generation war es aber nicht Peter Kraus, der als Vorbild diente, sondern Buddy Holly oder Bill Haley. Mochte die Generation unserer Eltern von Seemannsliedern wie «Cindy, oh Cindy» von Margot Eskens oder von Freddy Quinn und «Heimweh» schwärmen, zum akustischen Leidwesen meiner Eltern stand ich auf Rock 'n' Roll, auf die Beatles und die Beach Boys. Mein «Junge, komm bald wieder» hieß «Help», und wenn es schon eine langsame Nummer sein sollte, dann eben «Yesterday» oder «As Time Goes By».

Mochte Lolita mit ihrem «Seemann» sogar in den USA und Japan populär sein, wir entfernten uns immer mehr von der Musik, die unsere Eltern so gerne gehört haben. Auf 78er-Schellack-Schallplatten, wenn Sie sich noch erinnern.

Und natürlich kann man gut darüber streiten, ob Cliff Richard mit «Rote Lippen soll man küssen» «nur ein Schlager» war, sein englisches Original hingegen ein «echter Popsong». Egal – die britischen Charts schlugen für mich und meine Altersgenossen eindeutig die deutschen Schlagerparaden. Klar war das arrogant, aber diese Haltung war nicht nur unter Jugendlichen sehr verbreitet, sie galt als intellektuell. Der Philosoph Adorno schrieb damals: «Schlager beliefern die zwischen Betrieb und Reproduktion der Arbeitskraft Eingespannten mit Ersatz für Gefühle überhaupt» (aus: «Einleitung in die Musiksoziologie»). Ja, wir waren damals ganz schön arrogant, heute könnte ich mich darüber aufregen. Bringt nur nix.

Der Erfolg der englischen Musik mit deutschen Texten (ich erinnere an das textlich grauenvolle «Sie liebt dich» der Beatles) begann dann auch bei uns, den Schlager zu verändern. Peter Kraus besang das «Sugar Sugar Baby», Ted Herold das «Moonlight», und Conny Froboess sang über «Lady Sunshine und Mr. Moon».

Und dann kam Drafi Deutscher, der plötzlich unser Lebensgefühl wieder auf den Punkt brachte und damit sofort erfolgreich war, auch wenn sich die Deutschlehrer darüber aufregten, dass «Marmor, Stein und Eisen bricht» grammatikalisch nicht korrekt war, weil es in der Mehrzahl ja «brechen» heißen müsse. Aber das hat bei uns keinen Brechreiz erzeugt, sondern nur einen Lachreiz.

Viele ausländische Stars wurden in der Folge durch diese Annäherung an den internationalen Markt bei uns populär – Petula Clark, Alma Cogan, Connie Francis oder aus Frankreich France Gall, Adamo, Françoise Hardy. Und nicht zu vergessen all die Stars aus Skandinavien wie Gitte, Siw Malmkvist oder Wencke Myhre. Der deutsche Schlager wurde international, und das tat ihm wirklich sehr gut.

Gleichzeitig mit der – ich nenne sie mal – Globalisierung des Schlagers gab es aber auch die Gegenentwicklung, also die Rückbesinnung auf die Tradition. Dafür standen eben die erfolgreichen Stars der sogenannten Volksmusik wie Slavko Avsenik und «Die Egerländer

Musikanten», die lange Zeit zu den erfolgreichsten und am meisten verkannten Musikern der deutschen Musikbranche gehörten.

Gut, für mich kamen die damals auch von einem komplett anderen Stern, Erfolg hin oder her. Ich schwärmte für die Musik der politischeren Künstler wie Bob Dylan (nicht unbedingt für seine Stimme), Joan Baez oder die Folkmusik von Esther und Abi Ofarim.

In den Siebzigerjahren führte uns Westdeutsche dann die ZDF-Hitparade zu einer unglaublichen Renaissance deutschsprachiger Musik. Viele Hits jener Jahre gehören noch heute zu den meistgesungenen und meistgecoverten Titeln und sind fester Bestandteil von Musikveranstaltungen. Ich habe vor einiger Zeit auf so einer Veranstaltung selbst miterlebt, wie junge Leute begeistert «Eviva España» grölten – noch dazu absolut textsicher. Und das war nicht am Ballermann.

Die «Neue Deutsche Welle» der Achtziger war anfangs wieder eine Gegenbewegung zum klassischen Schlager. Das «Da Da Da» von Trio hatte mit dem Schlager nichts gemein, Hubert Kah und Fräulein Menke standen für eine grundlegend andere Ausrichtung der Musik, über die sich nun wieder viele Trallala-Puristen erregten. Ja, wir Deutschen tun uns mit dem Leichten manchmal sehr schwer.

Und der klassische Schlager fand sich plötzlich dort wieder, wo er eigentlich nie hingehörte – in den Sendungen der sogenannten volkstümlichen Musik, bei Marianne und Michael oder Carolin Reiber.

Aber wie immer im Leben erzeugt jede Bewegung in eine Richtung automatisch auch einen Gegendruck zurück. So wie der Markt auf die Popmusik mit der Globalisierung reagierte oder wie auf die Globalisierung der Trend zur Heimat folgte, so erzeugte die Neue Deutsche Welle eine Retrobewegung zum Schlager, aber mit einem ironischen und liebevoll-spöttischen Unterton. Guildo Horn, Dieter Thomas Kuhn und auch Stefan Raab stehen für diese Neuentdeckung der deutschen Musik. Mit ihnen fand auch ich meine Freude an der Schlagermusik.

Heute vermischt der Schlager lustig alle Genres und verwischt die Grenzen. Wenn Heino Lieder von Rammstein singt oder Roberto Blanco auf dem Hardrock-Festival von Wacken auftritt, wenn die Toten Hosen als «Die Roten Rosen» Schlagertitel «ver-rocken», zeigt sich, was alles geht. Helene Fischer und Andrea Berg stehen ebenso für den deutschen «Discofox» wie auch für internationale Hits und grandiose Liveshows.

Nach einer 2014 veröffentlichten Umfrage von YouGov bekennen sich 55 Prozent der Männer und sogar 59 Prozent der Frauen zum Schlager, und das ist – um ein bekanntes Zitat zu nutzen – «auch gut so». Ich tue das inzwischen auch.

Und zwar aus Überzeugung, weil diese Musik eben immer auch das Lebensgefühl der Menschen widerspiegelt, auch wenn man das manchmal nicht wahrhaben möchte und sich über manchen Auftritt aufregt.

Manche mögen den Schlager ja auch nicht, weil er – so sagen sie – so «unpolitisch» sei. Das mag sein, seine Interpreten sind es aber gewiss nicht immer. Warum fällt mir da gerade der Wendler ein? Über ihn haben sich wirklich viele erregt, und wenn Nena in Corona-Zeiten ihre Fans aufforderte, die Abstandsregeln zu missachten, war das doch gewiss alles andere als unpolitisch. Und ich rede noch nicht von Xavier Naidoo und dessen Äußerungen zu QAnon. Nicht, dass ich mich jetzt noch aufrege ...

So, die Show im Fernsehen ist vorbei, aber «The show must go on». Irre, was man alles so findet, wenn man Zeit hat. Obwohl es auch fast ein Fluch sein kann, denn dann kommt man auf dumme Gedanken. Ich habe im Zuge meiner Reise in die Schlager-Wunderwelt eine Show gesehen, in der junge Sängerinnen und Sänger auftraten und jeweils von einem bereits etablierten Star einen Glücksbringer geschenkt bekamen. So überreichte David Hasselhoff einer jungen Sängerin zwei Haarbänder. Sie wusste sich vor Glück kaum zu fassen – es hatte also funktioniert. Ich übrigens war auch fassungslos. Sie trug nämlich gar keine Haarbänder, wie man deutlich sehen konnte. Wieso und warum also sollten ihr ausgerechnet von David abgelegte Bänder Glück bringen?

Und dachte mir: Gut, dass sie nichts von Florian Silbereisen bekam. Dessen Glücksbringer ist ja, wenn man den Zeitschriften glauben darf (und das macht man natürlich), eine rote Unterhose. Und die trägt er ja auch zu seinen Shows. Hätte er also diese ... nun ja, ich möchte mir das nicht weiter ausmalen. Obwohl ich an dem Abend ja Zeit hatte.

Nur war das noch nicht das Problem. Das begann erst

in der Nacht. In meinem Kopf rotierte nämlich schon wieder die nächste Frage: Woher kommt das eigentlich mit den Glücksbringern? Und nachdem es länger rotierte, versprach ich mir, der Sache auf den Grund zu gehen, genau wie beim Schlager. Und da ich meine Versprechen an mich für gewöhnlich halte, konnte ich danach beruhigt einschlafen.

Woher kommt das also mit den Glücksbringern? Gut, beim Schornsteinfeger ist das recht einfach, denn durch seine Arbeit kann man heizen und (zumindest früher) kochen. Und vierblättrige Kleeblätter sind so selten, dass man wirklich Glück hat, wenn man eines findet. Angeblich hat Eva ja eines aus dem Paradies mitgenommen, sie war damit sozusagen die erste Souvenirjägerin.

Wissen Sie, warum der «Marienkäfer» so heißt? Ich wusste das nicht, aber nun, als Ergebnis einer schlaflosen Teil-Nacht, habe ich es herausgefunden. Weil der kleine Käfer so nützlich für die Landwirtschaft ist, weil er Blattläuse vertilgt, hielten ihn die Bauern früher für ein Geschenk der Mutter Gottes. Und die Punkte auf seinen Deckflügeln sollen sich auf die Tugenden Marias beziehen. Es gab sogar frühe echte Marienkäfer-Kulte. Und wenn diese Information Sie jetzt glücklich gemacht hat, hat das ja schon funktioniert.

Jetzt könnten Sie einwenden: Alles nur Aberglaube! Ja, aber Glaube. Jedenfalls glauben ganz viele Menschen daran, obwohl das im Wortsinne ein Widerspruch ist. Das «Aber» vor einem Begriff soll eigentlich den nachfolgenden Begriff ins Gegenteil verkehren – wir kennen das als

«Aberwitz», der alles andere als witzig ist. Also ist eigentlich der Aberglaube gerade eben kein Glaube – aber wer glaubt das schon.

Wenn man mal jemanden fragt, ob er oder sie abergläubisch sei, so verneinen das die meisten und schauen sich dabei ängstlich nach einer schwarzen Katze um. So wie ja auch niemand wirklich sein Horoskop liest. Aber an Silvester vierblättrigen Klee und Marzipanschweine zum neuen Jahr verschenkt. Natürlich nur dann, wenn sie vor Weihnachten unter einem Mistelzweig ihre Liebste oder ihren Liebsten geküsst haben.

Ich selber bin natürlich überhaupt nicht abergläubisch, habe aber heute diesen Text schnell fertiggestellt, weil in meinem Horoskop stand: «Pläne lassen sich nun verwirklichen. Sehen Sie zu, dass Sie sich Ihrer Sache absolut sicher sind.» In einem bin ich mir absolut sicher: Ich möchte meinen Erfolg nicht zwei Haarbändern von David Hasselhoff verdanken. Dann eher schon einer roten Unterhose. – Natürlich, bei dem Erfolg, den Florian Silbereisen mithilfe seiner roten Unterhose hat ... Die ist bestimmt inzwischen ein Verkaufs-Schlager. Und was das ist, wissen wir ja nun. Also kein Grund zur Aufregung.

Gitarre

Ich habe vor vielen Jahren wieder einmal in Barcelona Urlaub gemacht – ich liebe diese Stadt mit ihren wunderbaren Bauten des spanischen Jugendstils. An einem dieser Tage machte ich gerade eine kleine Pause unweit der Kathedrale in einem Straßencafé, als ich plötzlich ein leises Gitarrenspiel hörte. Wunderbar und virtuos. Ein junger Mann spielte «Recuerdos de la Alhambra», ein Bravourstück von Francisco Tárrega. Um so spielen zu können, muss man sicher hart trainieren, dachte ich mir. Und dann fiel mir siedend heiß eine Geschichte ein, in der ich leider keine gute Figur gemacht habe. Darüber könnte ich mich heute noch aufregen ...

Nicht immer liegt nämlich der Anlass für Aufregung in unerwarteten Situationen oder an Dritten. Sehr häufig ist es auch die eigene Dummheit, manchmal auch Selbstüberschätzung oder Dreistigkeit – was noch zu beweisen wäre. Zum Beispiel in der folgenden Geschichte, deren Ursache für die Aufregung ich mir ganz allein zuzuschreiben habe.

Ich weiß nicht, ob Sie Gitarre spielen können – ich jedenfalls kann es nur sehr unvollkommen. Gut, ich kannte die Stimmung der Gitarre, wusste in etwa um die Saiten, und ein oder zwei einfache Griffe hatte man mir mal gezeigt – aber das war's. Dabei war «die Klampfe» in meiner Jugend sehr beliebt und gehörte einfach dazu. Und wer etwas auf sich hielt, der konnte zumindest den Anfang von «House of the Rising Sun» auf der Gitarre spielen.

Ich hatte inzwischen nach der Schule und parallel zu meinem Studium erste kleine Rollen am Theater bekommen und war sogar mal vom NDR engagiert worden – für einen der ersten Tatorte. Zwar nur als Leiche, aber immerhin … Seitdem weiß ich, wie kalt es auf der Metallliege im Leichenschauhaus ist und dass dieses Laken, mit dem dort die Toten zugedeckt werden, auch nicht wirklich wärmt. Nur ist es denen wohl egal, mir allerdings war es das nicht. Glücklicherweise musste ich während des Drehs nicht niesen, obwohl ich mehrmals kurz davor war.

Es gab damals im ZDF neben «Aktenzeichen XY» eine weitere Reihe mit Eduard Zimmermann, die hieß «Vorsicht Falle!» – im Untertitel «Nepper, Schlepper, Bauernfänger». Darin wurden unseriöse Geschäftspraktiken angeprangert. Dafür wurden kleine Filme gedreht, in denen immer andere, unbekannte Darsteller mitwirkten, damit es möglichst authentisch wirkte.

Und eines Tages bekam ich über das Theater ein solches Angebot. Ich! Im ZDF! Holla, das war mein Durchbruch! Ich rief also bei der Produktionsfirma an, und man sagte mir, dass es bei der Rolle um einen jungen Mann mit sängerischen Ambitionen ginge, den man mit einem gefälschten Schallplattenvertrag reinlegen wolle. Ich hoffe, Sie wissen noch, was eine Schallplatte ist …

Natürlich hatte die Sache einen Haken. Ich sollte in dem Film singen. Gut, das war eine meiner leichteren

Übungen. Aber ich sollte mich dabei live auf der Gitarre begleiten. Ich würde ja sicher Gitarre spielen ... Natürlich tat ich das! «Ewig schon!» – Schöner Mist!

Ich hatte drei Wochen Zeit bis zum Dreh und sollte zwei Songs singen. Einen aktuellen Schlager, den ich mir aussuchen konnte und dann, in einer Diskotheken-Szene, den Hit «Get Down» von Gilbert O'Sullivan – live gesungen und gespielt und musikalisch begleitet vom Tonband mit dem Originalplayback.

Drei Wochen Zeit zum Üben – nicht viel, aber was soll's – dann musste ich eben ranklotzen. Ich kaufte mir eine Gitarre und eine «Gitarrenschule», also eine schriftliche Anleitung zum Gitarrespielen.

Ich besaß die Single von «Get Down» glücklicherweise bereits, eine dieser kleinen 45er-Scheiben, und stellte fest, dass dieser Hit in extrem schwierig zu greifender Tonart notiert war. Hätte Gilbert O'Sullivan das nicht einfacher machen können ...

Glücklicherweise durfte ich mir den Schlager selbst aussuchen und suchte vorrangig nach einer für die Gitarre einfachen Tonart. Meine Wahl fiel auf «Schmetterlinge können nicht weinen» von Jürgen Marcus – effektvoll in C-Dur. Und ich übte. Jeden Tag. Und übte weiter.

Und dann kam der Drehtag, genauer die Drehtage. Am ersten Tag waren der junge Mann und seine Freundin in schöner Landschaft beim Picknick, und er sang ihr herzergreifend diesen einen Schlager vor – gekonnt und einfach in C-Dur, aber mit viel Schmelz. Dafür mehrfach, weil wir aus irgendwelchen technischen Gründen immer neu ansetzen mussten. Mir taten schon die Finger weh, aber ich lächelte und ließ die Schmetterlinge fliegen.

Und glücklicherweise bemerkte aufgrund der vielen technischen Unterbrechungen niemand, welchen Bammel ich im Grunde meines Herzens hatte, vor lauter Sorge, doch noch aufzufliegen. Aber es lief irgendwie, und letztlich waren am Ende des ersten Tages alle zufrieden. Die Schmetterlinge mussten nicht mal weinen.

Am folgenden Tag drehten wir in einer Diskothek in Hamburg-Bramfeld. Sie waren sicherlich früher auch oft in so einer Diskothek. Man stand rum, trank Cola und wippte mit dem Fuß zu aktuellen Hits. Ganz mutige Kerle gingen auch ab und an mal auf die Tanzfläche und wippten dort mit den Füßen, während die Mädchen ihre Mähne schüttelten und die Arme schwenkten. Und oben über der Tanzfläche drehte sich eine Diskokugel und zauberte viel kleine helle Sterne auf Wände, Boden und die mehr oder weniger Tanzwütigen.

Ich spielte den Discjockey, der die Schallplatten (siehe oben) auflegte und ab und an die Gäste mit einer eigenen kleinen Gesangseinlage erfreute. Zum Beispiel mit «Get Down» - in Es-Dur. Also theoretisch. Und so eingeübt.

Nun, Sie kennen mich schon - das konnte gar nicht gut gehen.

Tat es auch nicht. Denn als wir nun zu meiner Gesangs-Einlage kamen, stellte ich mit Entsetzen fest, dass der Plattenteller etwas zu langsam lief und aus Es-Dur ein D-Dur machte. Auf eine entsprechende verzweifelte Bemerkung meinerseits meinte der Regisseur nur locker: «Okay, mir gleich, dann transponier das doch.»

Transponieren? Ich? Ohne meine Gitarrenschule? No way. Ich versuchte es, aber es klang scheußlich. Und der Plattenspieler ließ sich auch nicht dazu bewegen, einen kleinen Tick schneller zu laufen. Ich bekam Schweißausbrüche und bat um eine kurze Unterbrechung, damit ich das für mich kurz «transponieren» könne.

«Zehn Minuten Pause!», lautete die Ansage. Zehn Minuten, bevor man mich zum Schafott führen würde. Ich schwitzte überall, auch dort, wo man eigentlich gar nicht schwitzen kann. Und die bräunliche Schminke verselbstständigte sich und lief mir überall hin – was also tun?

Irgendeine Muse muss mit mir ein Einsehen gehabt haben, denn mir kam die rettende Idee: Ich stimmte die Gitarre einfach einen halben Ton tiefer. Aus der G-Seite wurde eine Ges-Seite und so weiter. Und so konnte ich weiterhin das gelernte Es-Dur greifen, obwohl aus dem voluminösen Bauch meiner Wundergitarre ein strahlendes D-Dur erklang.

Die Dreharbeiten gingen ohne weitere Unterbrechungen zu Ende, ich musste allerdings vor dem Dreh noch mal geschminkt werden, weil die Schminke irgendwie weggelaufen war. Konnte ich mir gar nicht erklären. War halt sehr heiß am Drehort.

Was ich daraus gelernt habe? Dass Chuzpe hilfreich sein kann, allerdings viel Arbeit macht. Und dass man immer einen Plan B haben sollte.

Ich habe übrigens in den Folgejahren noch zweimal bei «Vorsicht Falle» mitgemacht. Immer in einer Rolle als Gitarrenlehrer!

Ich bin sicher, das Schicksal hat Humor.

Langeweile

Wer Kinder hat, kennt diesen Satz: «Mir ist sooo langweilig!» Was eigentlich nur bedeuten soll: «Lass sofort deine langweilige Arbeit liegen und spiel mit mir!» – meist sehr viel leichter gesagt als getan. Wenn Kinder sich langweilen, so sagt man in England, dann sind die Eltern schuld, weil sie durch permanente Reizüberflutung dafür sorgen, dass die Aufmerksamkeitsspanne ihrer Kinder sinkt. Wirklich?

Zweimal dasselbe Spiel spielen? Langweilig!

Zimmer aufräumen? Noch langweiliger.

Aber das gilt nicht nur für Kinder, auch ältere Menschen regen sich manchmal darüber auf, dass ihnen langweilig sei, selbst wenn sie vorher einen noch viel langweiligeren Beruf ausgeübt haben, den sie nun los sind. Worüber sie eigentlich froh sein sollten. Mir würde das nicht einfallen. Ich habe nämlich einen Artikel in der ZEIT gelesen und in dem stand wörtlich: «Googeln Sie mal ‹Langeweile›» – und so habe ich aus Langeweile angefangen, mich mit dem Thema «Langeweile» zu beschäftigen, und das war erstaunlicherweise überhaupt nicht langweilig. So war dieser Gemütszustand, den die Franzosen «ennui» nennen (das nur am Rande), vielen Philosophen, Pädagogen, Autoren, Künstlern eine ausgesprochen intensive Beschäftigung wert.

Der Philosoph Martin Heidegger (beispielsweise) hat

1929 in der Antrittsvorlesung anlässlich seiner erneuten Berufung an die Universität Freiburg formuliert, dass die tiefe Langeweile mit einem schweigenden Nebel vergleichbar sei, der alle Dinge in eine merkwürdige Gleichgültigkeit zusammenrücke. Die Langeweile offenbare das Seiende im Ganzen. Ich weiß nicht, ob die Studierenden sich dabei gelangweilt haben, aber wenn Sie das nachlesen wollen – bitte: M. Heidegger, «Was ist Metaphysik?». Viel Spaß, ist gut gegen Langeweile.

Sowohl für das Seiende wie auch für das Ganze verändern sich ja auch die Zeitbegriffe. Für ein Kind können sich die sechswöchigen Sommerferien endlos lange ziehen, während ich mich heute frage: «Ach, schon wieder Weihnachten?» Und mein Genuss, sich Momenten der Muße hinzugeben, ist für Kinder ein kaum auszuhaltender, langweiliger Moment.

Wussten Sie, dass es unterschiedliche Formen von Langeweile gibt? – Nein? Ich teile gern. Also da hätten wir die «indifferente Langeweile», die noch nicht besonders negativ empfunden wird und eher der Entspannung ähnelt. Dann gibt es die «kalibrierende Langeweile», die kreative Freiräume schafft und Neues erleben lässt. Außerdem die «zielsuchende Langeweile», die am ehesten der Nörgelei eines Kindes entspricht und die mit einer gewissen rastlosen, hektischen Suche nach Beschäftigung verbunden ist und, letztlich, die «reaktante Langeweile», die in Ärger und Hilflosigkeit umschlagen kann.

Diese Unterschiede stammen aus einer Studie von Anne Frenzel und Thomas Götz aus dem Jahre 2006. Sie sehen, selbst ein eigentlich langweiliges Thema kann spannende Erkenntnisse hervorbringen. Und wenn man sich dann erst einmal damit beschäftigt, kommt man aus dem Staunen nicht mehr heraus. Es gibt Bücher, Zeitschriften, u.a. «82 Tipps gegen Langeweile» in der Zeitschrift «Motivationswelten».

Meine Mutter hätte in dem plattdeutschen Idiom ihrer Kindheit gesagt: «Wat dat all gifft ...» – ja, man kommt aus dem Staunen nicht heraus und langweilt sich kein bisschen.

Selbstverständlich gibt es auch lustige Sprüche im Internet zu diesem Thema: «Aus Langeweile hätte ich eben fast gearbeitet. Man muss aber auch höllisch aufpassen.» Oder sehr schön fand ich auch: «Wenn mir langweilig ist, rufe ich bei DHL an und frage, wann die Sendung mit der Maus kommt.» Eindeutige Fälle von kalibrierender Langeweile.

Sie sehen also, wenn man wirklich mal nicht weiß, wie man die 24 Stunden eines Tages füllen soll, weil alles eingekauft, auch der Keller aufgeräumt ist und die Klorollen fein säuberlich zum Turm aufgeschichtet sind – keinesfalls in die reaktante Phase übergehen, sondern auf Teufel komm raus kalibrieren. Nehmen Sie irgendeinen Begriff, googeln Sie ihn und gehen dann unbedingt auf die letzten Seiten der Suchergebnisse – das sind die spannendsten. Wir haben früher oft das «Lexikon-Spiel» gespielt, in dem wir für echte Begriffe aus dem Lexikon erfundene Definitionen erstellt haben. Wir waren immer erstaunt, wie häufig diese Erfindungen für echt gehalten wurden.

Meine Ergebnisse hier sind aber nicht erfunden, Sie könnten sie alle nachlesen, zum Beispiel in der «Zeitschrift für entwicklungspsychologische und pädagogische Psychologie» – wenn Ihnen das nicht zu langweilig ist. Oder Sie verwirklichen einen der oben genannten 85 Tipps aus der Zeitschrift «Motivationswelten», der da heißt: «Schreib ein Buch!»

Was für eine langweilige Idee!

Veränderungen

«So schön wie heut, so müsst es bleiben» – ein nettes Lied und ein danach eigentlich erstrebenswerter Zustand? – Wirklich? Gehört nicht die Veränderung zum Leben? Muss ich mich aufregen, wenn die Dinge sich ändern? Nein, denn ich verändere mich selbst ja hoffentlich auch. Und nicht nur optisch.

Ich höre in der Politik oft den Satz: «Wir haben immer schon gesagt ...» Und dann denke ich: Hoffentlich nicht! Denn das hieße ja nichts anderes als Stillstand.

Gerade erleben wir beispielsweise große Diskussionen um Veränderungen in der Sprache. Ich habe schon mehrere Rechtschreibreformen miterlebt, darunter die Abschaffung des «dass» mit «ß» und die Schifffahrt mit drei «f». Und nun diskutieren wir über Sternchen, Doppelpunkt und großes «I». Inzwischen sind Handy, Laptop und andere Begriffe aus der «IT» längst normal, denn Sprache ist ja nichts Statisches. Wenn heute noch jemand den Schlüssel «sluzzelin» oder den Onkel «Oheim» nennen würde, dann käme doch gleich der Büttel oder der Medicus. Und rufen Sie im Restaurant niemals nach der Bedienung mit den Worten «Saaltochter!» oder «Fräulein!» – Sie erhalten wahrscheinlich gleich ein Hausverbot.

Klar, Sprache verändert sich, das ist ja an vielen Punkten erkennbar und hier oft genug Thema. Nur ist eben nicht jede Veränderung auch eine Verbesserung in meinen Augen. Der jüngste Sohn eines meiner Neffen bekam zu Weihnachten einen sehnlichen Wunsch erfüllt und - wie man mir erzählte - war sein einziger Kommentar: «Mega!»

Da erkannte ich einmal mehr, dass heute eigentlich nur noch Superlative gelten. Die Werbung und alle Medien kämpfen um unser aller Aufmerksamkeit und verfahren nach der Devise: je lauter, desto besser. Klar, die Schlagzeilen der Boulevardzeitung mit den großen vier Buchstaben haben uns immer schon angebrüllt, aber nun brüllen alle gemeinsam im Chor.

Ein einfaches «schön» oder «gut» genügt nicht mehr. «Wie war dein Urlaub?» - «Sehr schön.» - «Ach, war wohl nicht so doll ...?» - «Doch, war super!» - «Dann sag das doch gleich!»

Es gibt keine Probleme oder Herausforderungen mehr, nur noch «Krisen». Wobei es dann meist auch die «größte Krise seit x Jahren» sein muss. Könnte ich mich schon wieder drüber aufregen. Aber das ist ja auch keine Lösung. Wenn man im Internet nach der «größten Krise der Nachkriegszeit» sucht, bekommt man sofort viele Angebote. Und das kann ja eigentlich nicht sein, denn beim Superlativ ist es wie beim Highlander: Es kann nur einen geben.

Einig ist man sich immerhin weltweit bei der «größten Krise der westlichen Medizin». Das soll Corona sein, obwohl diese Krankheit ja aus dem Osten kommt und ich bislang immer dachte, dass die westliche Pest mit ihren Millionen Toten nicht zu überbieten sei.

Und wer bei Stupidedia sucht, erwartet wohl auch keine ernsthafte Aussage und wird tatsächlich entsprechend belohnt. Dort gilt als eine der größten Herausforderungen die Tatsache, dass H&M keine Hosen mehr mit Reißverschluss anbietet und wenn, dann nur gegen horrenden Aufpreis. Gut, das erwies sich dann nach einiger Aufregung natürlich als Ente, aber glücklich, wer sonst keine Probleme hat.

Bei Kurt Tucholsky heißt es, der Satiriker «bläst die Wahrheit auf, damit sie umso deutlicher wird». Damit hat er aber nicht gemeint, dass diese Wahrheit von aufgeblasenen Typen verkündet werden soll oder so übertrieben groß wird, dass man sie kaum noch erkennen kann, weil jede scheinbare Sensation eine Sondersendung, und jede scheinbare Krise eine Extraausgabe bekommt.

Eine ebenso nervige Angelegenheit ist das ständige Skandalisieren. Da sinkt die Wirtschaftsleistung nicht, sie «stürzt ab». Oder die Corona-Zahlen steigen nicht, sie «explodieren». Wenn Harry Styles bei den Grammy-Verleihungen einige Buh-Rufe erhält, wird er gleich «von Fans attackiert», und als Andy Borg wegen des Karnevals mit seiner Sendung einen Monat pausieren musste, da wurde er «vom Sender aus dem Programm geworfen». Überall nur Superlative und bewusste Übertreibungen – und da soll man sich nicht aufregen?

Neulich las ich im Internet, nachdem ein bekannter Comedian unerwartet gestorben war, folgende wichtige Meldung: «Die Todesursache steht fest!» Und nachdem ich den Artikel gelesen hatte, war mir nur klar, dass man den Tod untersucht hatte. Kein weiteres Wort. Gut, ich gehe mal davon aus, dass aufgrund dieser Untersuchung die Todesursache wohl wirklich feststand, insofern stimmte die Aussage, aber über die eigentliche Ursache drang eben nichts nach außen. Und dieses «Nichts» musste einfach gut verpackt werden.

«Clickbaiting» nennt man das, wenn solche Schlagzeilen als Köder dienen, um Leser anzulocken und damit die Zugriffszahlen im Netz nach oben zu treiben. Aber soll ich mich nun über diese Anbieter aufregen? Nein, eher über meine eigene Dummheit, denn ich weiß ja eigentlich sehr genau, dass man vorsichtig sein muss und auf allzu eindeutige Angebote und Versprechen nicht eingehen darf.

Wenn ich aber so blöd bin, eine Seite aufzurufen, die mir verspricht, dass es nur zweier Gemüsesorten bedarf, um das Bauchfett «über Nacht verschwinden zu lassen», dann bin ich eben selbst schuld, wenn ich daran glaube und mir dabei gleich mal einen Virus auf den Computer hochlade. Und an dem ist NICHT Corona schuld.

Und wenn, wie 2015 geschehen, der Bundesrepublik «die größte Flüchtlingskrise» droht, dann darf man auf dieses Alarmgeschrei eben nicht reinfallen. «Immer schön auf dem Teppich bleiben!» - das wünsche ich mir auch für ein verbales Abrüsten. Dann ist so eine politische Herausforderung eben nur ein Ereignis, welches bewältigt werden muss. Und ein Urlaub vielleicht eben auch mal wieder einfach nur «schön».

Das wäre doch echt mega ...

Veränderungen gehören natürlich zum Leben dazu, alles andere wäre ja Stillstand. Ich wuchs in einem Land auf, dessen andere Hälfte zuerst «SBZ», dann «Zone» oder einfach nur «drüben» hieß. Und heute sind wir ein Volk und haben uns längst daran gewöhnt. Auch wenn man jedes Jahr am 3. Oktober wieder betont, dass man nicht immer über die Unterschiede reden sollte, was auch sonst normalerweise keiner mehr macht. Außer eben am 3. Oktober.

Ich las neulich einen schönen Satz und habe mich nur darüber geärgert, dass der mir nicht eingefallen ist: «Den Charakter eines Menschen erkennt man daran, wie er sich verhält, wenn bei ALDI eine zweite Kasse aufmacht.» Super, oder? Da hat man sofort ein Bild vor Augen und denkt sich: «Stimmt!» Die Menschen haben sich nämlich auch verändert … Ich sehe heftiges Nicken. Nur wir natürlich nicht … erneutes Nicken. Und ein lautes Lachen von mir.

Ehrlich, nehmen wir uns nicht so ernst. Natürlich ändern sich manchmal Einstellungen, Vorlieben – wäre doch schlimm, wenn nicht. «Wir haben immer schon gesagt …» Ach was, Leben ist Veränderung, ich sagte es schon. Manchmal allerdings wundert man sich. Neulich war ich mit einer Freundin zum Essen verabredet und – ohne uns abzusprechen – wollten wir beide das gleiche Gericht bestellen. Da sagte sie zu mir: «Such dir doch etwas anderes aus, denn wenn wir beide das Gleiche nehmen, dann bekommen wir jeder weniger!» Ich muss ein ziemlich verdutztes Gesicht gemacht haben, was nur eine nette Umschreibung dafür ist, dass ich blöd aus der Wäsche geguckt habe. Denn sie nickte mir bestätigend und verschwörerisch zu. Das von einer Frau zu hören, die früher immer jede Kalorie persönlich kannte, hat mich sehr erstaunt. Aber die Speisekarte bot genug andere Leckereien für mich, und sie war zufrieden. Ich letztlich auch.

Oder vergleichen Sie mal die jährlich erscheinenden Telefonbücher miteinander. Ich bin sicher, auch Ihnen fällt auf, dass die Namen und Ziffern im Laufe der Jahre kleiner gedruckt und damit schwerer erkennbar wurden. Das hängt sicher ausschließlich damit zusammen, dass es in den Städten mehr Einwohner mit Telefon gibt, weil viele Menschen, die vor Jahrzehnten ins Grüne gezogen sind, im Alter gern wieder in die Stadt kommen und die Städte wieder attraktiver finden. Wie sie sagen: «Wegen des Kulturangebots!» Und wenn ich dann fertig mit Lachen bin, schauen sie mich ganz böse an. Was mich wiederum zum Lachen reizt.

Und versuchen Sie gar nicht erst, jemanden zu bitten, Ihnen den Namen oder die Nummer vorzulesen. Das ist meist sinnlos, weil sich alle angewöhnt haben, so leise zu sprechen, dass Sie es ohnehin nicht verstehen würden. Es sei denn, Sie haben eine Hörhilfe, aber das hatten wir ja schon.

Ich habe noch ein Beispiel für Sie, über das ich mich mindestens genauso sehr gewundert habe, wie Sie das sicher tun werden.

Ich habe neulich mit einer langjährigen Freundin telefoniert, die in meinem Alter ist. Und wir sprachen zunächst über einen neuen Kinofilm, gelangten dann aber schnell zu den kleinen Veränderungen des Lebens.

Und zu meiner Überraschung gestand sie mir, dass sie ein neues Haushaltsmitglied hätte. Ich war natürlich sehr gespannt, um wen sich das handeln könnte – und siehe da, es handelte sich um einen Akku-Staubsauger, von dem sie schier begeistert war. Ich konnte es kaum fassen.

Warum? Ja, was soll ich Ihnen sagen – ich hatte auch so ein Modell und war davon ebenfalls ganz begeistert. Und dann haben wir uns fast eine Stunde über die Vorteile dieses Saugers unterhalten – seine Bodenbeleuchtung, den guten Akku, den abnehmbaren Handsauger und die Frage des Verlängerungsrohres. Wenn mir vor zwanzig Jahren jemand prophezeit hätte, dass ausgerechnet ein Staubsauger solche Begeisterung hervorrufen könne, ich hätte ihn oder sie einweisen lassen. Und heute war das für uns zwei ein normaler, alltäglicher Gesprächsgegenstand. –

Ja, die Zeiten ändern sich und die Gesprächsthemen auch. Und mit ihnen die Gegenstände dieser Themen – Staubsauger, ich glaube es nicht!

Deshalb: Ärgern wir uns nicht über all diese Veränderungen, sondern akzeptieren wir sie als selbstverständlichen Teil unseres Lebens. Und auch als Teil des Lebens anderer.

Natürlich kann man den Kopf schütteln, wenn ein prominentes Paar sein Zuhause hinter sich lässt, weil es der bösen Presse entfliehen möchte und es dann in der neuen Heimat ein Interview nach dem anderen gibt und sogar noch eine mehrteilige Dokumentation für das Fernsehen dreht. Gönnen wir ihnen die Veränderung, wer weiß, wozu es gut war.

Übrigens las ich – es gibt ja keine Zufälle – am selben Tag im Internet, dass in NRW ein Mann an einer Tankstelle statt Diesel für sein Auto Superbenzin getankt hatte und auf eine folgenschwere Idee kam: Er versuchte, mit dem stationären Staubsauger das falsche Benzin abzusaugen, was zu einer gewaltigen Explosion führte.

Hätte er vorher uns als Staubsauger-Experten befragt, dann wäre ihm das nicht passiert.

Deshalb hier zur praktischen Nutzanwendung in allen Lebenslagen zwei Reaktionsvorschläge:

«Kompliment, du hast dich überhaupt nicht verändert.» – «Das nimmst du bitte sofort zurück!»

«Man müsste noch mal zwanzig sein ...» – «Bitte nicht!»

Deutschland hat 1982 den Eurovision Song Contest mit dem Titel «Ein bisschen Frieden» gewonnen, damals übrigens noch mit ein bisschen «ß». Da haben sich einige aufgeregt, weil es doch nicht nur um ein «bisschen» Frieden gehen dürfe, sondern um den großen Weltfrieden für alle. Schon damals hätte es allen geholfen, wenn diese Menschen, statt sich aufzuregen, lieber ein bisschen Frieden gegeben hätten.

Machen wir alle deshalb also heute ein bisschen unseren Frieden mit den uns so unweigerlich umgebenden Veränderungen.

Wortspiele (2)

Schlager waren schon immer wunderbare Lieferanten für Wortspiele. So wurde aus «Ein Bett im Kornfeld» von Jürgen Drews plötzlich «Ein Korn im Feldbett». Die zu Recht vergessene Schmonzette «Herzen haben keine Fenster» brachte es zu «Nieren haben keine Türen», und Nana Mouskouris «Weiße Rosen aus Athen» wurden zu «Weiße Arthrosen aus Athen». Aus «Der Junge mit der Mundharmonika» machte man «Der Junge mit dem Mundgeruch ist da». Der einzige Schlager, der nie verballhornt wurde, war «Es fährt ein Zug nach Nirgendwo». Ist ja auch logisch, das beschreibt ja nur die Wirklichkeit der Deutschen Bahn.

Man hört so oft «60 ist das neue 40», womit gemeint ist, dass die Senioren auch immer jünger werden. Und entsprechend später in Rente gehen können. Also wenn 60 wirklich das neue 40 ist, dann ist 22 Uhr das neue Mitternacht, denn um die Zeit werde ich inzwischen schlagartig müde.

Das Ehepaar verabredet zu Weihnachten: «Also diesmal schenken wir uns aber wirklich nichts!» – Großartiger Gag! Kommt jedes Jahr wieder gut an, nachdem das Geschenkpapier entsorgt wurde.

Habe mir neulich vorgenommen: «Also heute trinkst du mal nichts». Habe festgestellt: «Nichts» schmeckt einfach nach nichts. Mache ich nicht wieder.

Neulich auf Sylt. Der lässige Surfer kommt an den Strand und begrüßt die Gruppe ganz cool mit «Hi!». Alle schauen ungläubig auf die Nordsee.

Und dann war da noch der Meeresforscher, der ein Problem mit seiner Doktorarbeit bekam. Er hatte falsche Quallenangaben gemacht.

Political Correctness

«Korrekt», das war einmal in der Jugendsprache ein durch und durch positiv besetzter Begriff der Zustimmung, nur noch gesteigert durch «voll korrekt» - ein hoher Grad der Anerkennung. Korrekt zu sein, das war doch auch eine der sogenannten preußischen Tugenden. Wie wurde aus einem so eindeutig definierten Begriff nun schon fast ein Schimpfwort, für manche sogar ein echter Grund zur Aufregung? Klar, durch Hinzufügen des Wortes «political». Und Political Correctness wird kaum noch wertfrei verstanden, heute hat dieser Ausdruck für manche fast etwas Verächtliches, wenn sie ihn nutzen.

Das Gabler Wirtschaftslexikon definiert PC so: «Political Correctness ist die strikte und penible Einhaltung und Einforderung von gesellschaftlichen und sprachlichen Normen, vor allem in Bezug auf angeblich oder tatsächlich benachteiligte Gruppen.» - Es reicht also schon die Behauptung von Benachteiligung, und das ist in Zeiten der asozialen Netzwerke ja nicht besonders schwierig.

Schnell ist dann die Aufregung da, die zu aufregenden Aktionen führen kann. So wurde im englischen Bristol ein Denkmal demontiert, das den Geschäftsmann und Sklavenhändler Edward Colston darstellte. Nach einer aufgeregten öffentlichen Diskussion um die koloniale Vergangenheit Großbritanniens wurde seine Statue gestürzt und kurzerhand im Hafenbecken versenkt.

Ähnliche Diskussionen gibt es um das Bismarck-Denkmal in Hamburg, das praktischerweise schon direkt am Hafen steht. Da hat man es nicht so weit. In Holland wurde der «Zwarte Piet» kurzerhand aus den Nikolausumzügen verbannt, weil auch diese Symbolfigur aus der kolonialen Vergangenheit der Niederlande stammt. Und die Diskussion um die Frage, ob die Universität Münster weiterhin den Namen Kaiser Wilhelms tragen solle, hat sich inzwischen auch erledigt – und zwar gegen den deutschen Kaiser.

Britta Schilling von der Universität Utrecht wählte in der ARD-Tagesschau folgendes (zugegebenermaßen etwas schiefe) Bild: «Straßennamen sind nur die Spitze des Eisbergs.» – Aha.

Und schon werden die «Hindenburgstraße» und andere nach Politikern benannte Straßennamen in Zweifel gezogen. Dabei sind das unstrittig historische Persönlichkeiten, deren Arbeit dem damaligen Zeitgeist entsprach und denen diese Ehrung aufgrund ihrer Vorbildfunktion zugedacht wurde, auch wenn wir das heute zu Recht anders sehen.

Der Deutsche Städtetag hat sogar für seine Mitglieder eine «Handreichung zur Straßenumbenennung» veröffentlicht. Darin wird auf ein Urteil des Verwaltungsgerichtshofes München verwiesen, nach dem jede Gemeinde frei ist, «Straßennamen zur Ehrung verdienter Bürger und zur Pflege örtlicher Traditionen zu verleihen und zu ändern».

Bleibt also immer die Frage, ob Ehrung oder Tradition heute noch zeitgemäß wären. Historische Einordnung soll und muss also sein, denn eine Streichung dieser Namen aus dem Gedächtnis macht ja die Geschichte selbst nicht ungeschehen.

Ein gutes Beispiel bietet Chemnitz, das man in der DDR-Zeit zu «Karl-Marx-Stadt» umbenannt hat. Und weil nicht sein kann, was nicht sein darf, wurde daraus nach der Wende wieder Chemnitz. Das ist okay, aber gleichzeitig brüstete sich die Stadt Trier 2018 damit, dass hier vor 200 Jahren Karl Marx geboren wurde. Ist also Trier jetzt Karl-Marx-Stadt? Da hat es die «Beethoven-Stadt Bonn» eindeutig besser.

Ja, Sprache ist lebendig, und sie verändert sich – glücklicherweise. Sonst würden wir ja alle noch Mittelhochdeutsch reden, so wie Walther von der Vogelweide. Begriffe kommen und gehen, wer erinnert sich noch an Worte wie «sintemalen» oder die «Muhme», wir haben darüber schon gesprochen. Und so wird sich auch niemand an Modeworte mehr erinnern, in meiner Jugend war das zum Beispiel «knorke» für etwas heute «Cooles». Das ist Geschichte, aber nicht alle Begriffe kann man einfach dadurch ausradieren, dass sich die Sprache dem Leben anpasst und nicht das Leben der Sprache. Der «Jahresendflügler» der DDR hat den «Engel» nicht ersetzt, und ich bin ziemlich sicher, dass der «Kleinwüchsige» den «Zwerg» nicht ersetzen wird, schon wegen des zipfelmützigen Keramikmännchens in den Gärten.

Diese Diskussionen um Namen gibt es überall in Deutschland – und überall regt man sich auf – in Städten wie Oranienburg, München, Radevormwald und Völklingen gab es große Diskussionen um die Frage der Notwendigkeit von Umbenennungen. Und in Osnabrück weigerten sich Stadt und Schulträger, die Ernst-Moritz-Arndt-Schule umzubenennen, so wie das die Partnerstadt Greifswald mit ihrer Universität getan hatte. Man verwies dabei auf Äußerungen von Arndt, der von 1769 bis 1860 lebte, und die damals eben nicht als nationalistisch und antisemitisch galten. Ja, aus heutiger Sicht sind sie das zweifellos – aber sie entsprachen eben dem damaligen Zeitgeist. Das soll sie nicht entschuldigen, wohl aber aus aktueller Sicht einordnen. Da hat sich jemand damals mächtig vergaloppiert, und darauf hinzuweisen ist richtig. Aber zu hoffen, dass man durch Streichung etwas vergessen machen kann, ist eindeutig der falsche Weg.

Ich war vor Kurzem in Leipzig und schwer beeindruckt davon, wie sich die Stadt entwickelt hat. Nicht umsonst wurde sie von einem Internetportal zum «hottest place» gekürt. Eine pulsierende Stadt mit einer reichhaltigen Kultur, in der die Musiker Fanny und Felix Mendelssohn, Richard Wagner und Clara und Robert Schumann gelebt und gearbeitet haben. Aber da gibt es eben auch das Völkerschlacht-Denkmal.

Ein wirklich monströser Bau, der eigentlich gedacht war, um die in der sogenannten Völkerschlacht 1813 bei Leipzig gefallenen Soldaten zu ehren, aber mit dem sich die Erbauer dann hauptsächlich selbst feierten und dessen Einweihung 1913 nicht verhindert hat, dass man 1914 mit «Hurra!» gleich in die nächste Schlacht zog.

Viele Zeitgenossen sind der Meinung, dass man dies Monstrum abreißen solle, weil es den Krieg verherrliche und nicht in die Zeit der europäischen Zusammenarbeit passe. Außerdem diene es als Versammlungsort der Ewiggestrigen. Und genau deshalb, finde ich, DARF man es nicht abreißen.

Ja, es ist schwer zu ertragen, sich in dieser Krypta aufzuhalten, aber es kann nirgendwo sonst so gut wie hier gelingen, die Sinnlosigkeit von Krieg und Hurra-Nationalismus deutlich zu machen. Und ist nicht genau das auch die Funktion eines Denkmals? Es heißt ja nicht umsonst: DENK MAL!

Wer einmal das Reichsparteitagsgelände in Nürnberg gesehen hat, der bekommt eine Ahnung davon, welche Wirkung die schreckliche Ideologie der Nazis auf die Menschen hatte. Und wer dann die Gedenkstätte Buchenwald besucht hat, der hat die Auswirkungen mit eigenen Augen gesehen, und genau das ist ja Sinn und Zweck solcher Einrichtungen – die Erinnerung wachzuhalten.

Es bringt doch nichts, sich über die Fehler der Geschichte nur aufzuregen. Aber könnte es uns nicht gelingen, die Nachgeborenen über Statuen, Straßennamen, Gebäude und Plätze immer wieder daran zu erinnern, dass Menschen fehlbar sind? Und wenn sich ehemalige Helden aus heutiger Sicht geirrt haben, könnte es doch eventuell sein, dass manch ein Heldentum von heute, aus Sicht zukünftiger Generationen, ebenfalls im Nachhinein betrachtet, ein Irrweg war?

Dann kann es uns eventuell auch gelingen, uns alle daran zu hindern, diese Fehler zu wiederholen.

Wenn wir hingegen diese Fehler verschweigen und die fatale Erinnerung daran dadurch nicht mehr existiert, dann ist nichts gewonnen. Nicht einmal Political Correctness.

Dumm gelaufen

Erinnern Sie sich noch an die Aufregung um die Masken? Bis dahin kannte ich diese Situation nur von Bildern aus Asien, sofern dort mal wieder eine Grippewelle zugeschlagen hatte. Aber dann schwappte das Virus aus Asien direkt zu uns – Maske inklusive. Und sorgte gleich für große Aufregung. Nicht wegen irgendwelcher Politiker, die in krumme Geschäfte mit diesem Stück Stoff verwickelt wurden, sondern einfach überhaupt. Ich war kein Maskenverweigerer, aber – ich gestehe – allzu oft ein Maskenvergesser. Wie oft bin ich auf halbem Weg zum Supermarkt oder zur Haltestelle wieder umgekehrt, weil mir einfiel, dass ich dieses Stück Zellstoff nicht dabeihatte. Und wie oft habe ich mich darüber aufgeregt, wenn mir im Winter mal wieder die Brille beschlug, weil die Maske nicht richtig fest anlag. Dafür schwitzte man im Sommer umso mehr, WEIL sie fest anlag.

Die Diskussion um dieses «Accessoire» war endlos. Und die Frage, ob FFP2- oder OP-Maske sein müsse, spaltete das Land. Dabei wurde völlig übersehen, dass die Maske für manche Menschen durchaus eine optische Bereicherung darstellen konnte. Und hätte es zur Wahl gestanden, wäre «Maskenpflicht» beim Unwort des Jahres wohl sehr weit vorne gelandet.

Warum diese Aufregung um die «Maske»?

Bislang kannten wir das Wort «Maske» nur aus dem

Karneval, vom Theater oder durch Henry aus dem Box-ring. Und das war doch alles positiv besetzt. Meistens. Ich erinnere mich allerdings auch an eine Situation, in der dieses Thema für mich eher grenzwertig war. Ich spielte als junger Anfänger Mitte 1970 am Dortmunder Schau-spielhaus im «Rattenfänger» von Carl Zuckmayer einen jungen Sklaven, der laut Text irgendwo aus dem Süden kam. Das «Kostüm» war eigentlich kaum der Rede wert, es bestand nur aus einem Lendenschurz.

Nun ist mein norddeutscher Teint einem Menschen südländischer Herkunft nicht wirklich zuträglich, also musste ich mich jedes Mal von Kopf bis Fuß schminken – das war eben damals so üblich. Und nach der Vorstellung wusch ich dann die ganze schöne braune Farbe einfach in den Ausguss. Kein Wunder, dass ich krampfhaft über-legte, ob es dazu Alternativen gäbe, und wenn ja, welche.

Ich ahnte nach einem schmerzensreichen Selbstver-such, dass ein Solarium keinesfalls eine Alternative dar-stellen würde. Ich habe es wirklich versucht, aber das Er-gebnis war absolut nicht überzeugend.

Doch dann hörte ich, dass in Wasser gelöstes Kalium-permanganat der Haut einen braunen Schimmer geben könne, wenn man darin badet. Dass man das Teufelszeug auch zum Beizen von Holz und als Beimischung zu Koka-in verwendet, das wurde mir allerdings nicht erzählt. Und ich Idiot habe das auch nicht hinterfragt, darüber aller-dings könnte ich mich noch heute aufregen.

Also besorgte ich mir in einer Apotheke ein Fläsch-chen dieses Kristalls, und dort bekam ich keine weiteren

Hinweise als den Rat, die Fingernägel zuvor mit Klarlack zu lackieren, weil sich Hornhaut als Erstes verfärben würde. Danke für den Tipp.

Als kleines, aber lösbares Problem sollte sich dann erweisen, dass mein damaliges Appartement keine Badewanne aufwies, sondern nur eine Dusche mit der üblichen kleinen Duschwanne. Aber ich war ja jung und gelenkig, also füllte ich die kleine Duschwanne mit Wasser, löste die Kristalle auf und schlängelte mich langsam und mit lackierten Fingernägeln hindurch.

Und tatsächlich – zuerst wurde die Hornhaut an den Händen und den Füßen braun, und dann verfärbte sich auch die Haut. Und wie! Allerdings leider nicht im gewünschten Farbton, denn ich wurde nicht braun, sondern quittegelb – und benötigte künftig noch mehr Schminke, um den intensiven Gelbton zu übertünchen.

Ja, wirklich dumm gelaufen. Und natürlich habe ich mich damals unglaublich aufgeregt – aber über meine eigene Dummheit. Nun gab es ja zu der Zeit noch kein Internet, heute hätte ich gewusst, dass man dies Zeug auch nutzt, um Jeans zu gilben und ihnen den Vintage-Look zu geben. Aber heute bin ich ja selber vintage … (lach).

Diese Erinnerung schwingt bei mir immer mit, wenn ich das Wort «Maske» höre. Und erklärt vielleicht, warum ich mich damit so schwertue. Dabei ist mir völlig klar, dass diese Dinger schützen, und egal ob OP- oder FFP2-Maske, ich nutze sie ja auch nach Vorschrift. Wenn ich sie denn nicht vergessen habe.

Also habe ich brav weiter die Maske getragen, fast als

wäre ich Zorro oder Batman. Aber was soll's – wenn es hilft ...

Und darüber rege ich mich definitiv nicht auf, nur eben über meine Vergesslichkeit. Ich habe das Ding auch jahrelang brav in der Bahn getragen, was allerdings den Nachteil hatte, dass alle anderen das auch getan haben und ich daher selbst gute Bekannte nicht oder zumindest nicht sofort erkannte. Und wenn ich Pech habe, wird mir das als Arroganz ausgelegt – darüber könnte ich mich schon wieder aufregen.

Tue ich aber nicht! Bringt ja nichts. Denn dadurch erkenne ich die Maskenträger und -innen auch nicht besser. Hilft also nur ein simples «Sorry!», wenn wieder mal jemand mit dem aufmunternden Satz «Also du erkennst aber auch keinen mehr» an mir vorbeigeht. Und ich genau weiß, was der oder die dann später zu Hause sagt: «Du, der ist aber auch alt geworden, der erkennt einen nicht mehr!»

Das ist dann auch dumm gelaufen.

Ich krieg nicht zu viel – ich habe zu viel

Ich lese sehr häufig, dass wir uns in einer «Überflussgesellschaft» befinden. Und wenn ich dann die Bilder von den Bergen ausrangierter Textilien in der Atacama-Wüste, von Plastikmengen im Meer und von Elektroschrott-Halden in Afrika sehe, könnte ich mich darüber schon wieder zustimmend aufregen. Und plötzlich – ich habe ja Zeit – fallen mir natürlich außer diesen Bildern auch andere Dinge auf, über die ich mir in diesem Zusammenhang Gedanken mache.

Wieso heißt es eigentlich nur «Fridays for Future»? Was ist mit Samstag bis Donnerstag? Sollten wir uns nicht jeden Tag Gedanken um unsere Zukunft machen?

Warum sind alle Aussagen dazu so unverbindlich? «Wir ändern das bis 2050!» – Hallo? Warum gibt es keine konkreten Ansagen, so wie früher: «Draußen nur Kännchen!» Da wusste jeder, wo er dran war, und niemand hat sich an dieser Einschränkung gestört.

Aber ich schweife schon wieder ab. Das passiert mir in letzter Zeit häufig. Könnte ich mich drüber aufregen!

Sie kennen das sicher, da geht man durch die Wohnung und wundert sich, woher eigentlich all das Zeug kommt, das da rumsteht. Also die beiden Bärchen-Becher habe ich sicher niemals gekauft. Und die Porzellandose von meiner Tante steht seit Jahren nutzlos im Schrank. Von der praktischen Käsereibe ganz zu schweigen.

Deshalb gibt es wohl so enorm viele erfolgreiche Ratgeber-Bücher wie die von Marie Kondo, die sich mit dem Thema «Aufräumen» oder «Wegwerfen» beschäftigen. Gut, wir Menschen sind immer schon Jäger und Sammler gewesen, und manche sind heute eben nur noch Sammler, denn auf Bison-Jagd zu gehen, ist in Deutschland wenig erfolgversprechend.

Wenn zwei Menschen beschließen, das Leben miteinander zu teilen, teilen sich leider damit nicht auch zwei Haushalte, sondern sie verdoppeln sich. Denn beide bringen ja etwas in die künftige Zweisamkeit mit – und damit meine ich nicht nur die jeweilige unvermeidliche Verwandtschaft.

Als ob das nicht schon reiche, kommt im Laufe der Jahre immer mehr dazu – weil man aus (zugegeben) oft traurigen Anlässen auch noch gezwungen wird, Dinge aus anderen aufgelösten Haushalten vorläufig bei sich unterzustellen. Und aus vorläufig wird oft dauerhaft.

«Das ist doch noch gut!» – mit diesen Worten beginnt häufig die Sammelleidenschaft. Aber weil ja nicht alles zu «Bares für Rares» wandern kann, bleibt es eben da. Meistens im Keller, was den Vorteil hat, dass man es nicht mehr so häufig sieht.

Und wenn der Keller nicht nur aus einem kleinen Käfig in einem Mietshaus besteht, sondern ein Haus voll unterkellert ist, ist da viel Platz, der genutzt werden will. Natürlich nur vorläufig.

Ich kenne einen Keller, in dem standen Regale und darin – wohlgeordnet – acht Kaffeemaschinen. Die waren alle noch gut. Nur dass in dem Haushalt gar keiner Kaffee trank.

Dazu etliche Raclette-Geräte, falls mal mehr Gäste kommen, und diverse Fondue-Sets – die kann man immer brauchen. Und wenn ich dann gebeten wurde, schon mal «das» Fondue-Set aus dem Keller zu holen und vor dem Regal stand und überlegte, welches wohl gemeint sein könnte, war mir eines klar: Sobald ich mich für eins entschieden hatte und damit nach oben kam, würde es sofort heißen: «Aber doch nicht das!»

Darauf gab es nur eine Antwort: «Aber das ist doch noch gut!»

Manche regen sich über unsere Überflussgesellschaft auf und haben gute und nachvollziehbare Argumente, warum dieses «Immer mehr» und Zuviel uns allen schadet. Andere betrachten die Welt und sagen: «Aber die ist doch noch gut!» Das stimmt – dumm ist nur, dass wir keine weitere mehr im Regal im Keller stehen haben. Also ist das irgendwie auch keine Lösung.

Zum Überfluss gehören auch Dinge, bei denen ich mich immer wieder frage, warum es sie gibt und – nächste Frage – warum es Menschen gibt, die sie erwerben. Ich glaube, dass man diese Gegenstände mal irgendwann geschenkt bekommen hat und nun aus Pietät aufbewahrt. Oder weil der Erbonkel oder die Erbtante ja mal zufällig vorbeikommen könnte und sich dann freut, wenn dies völlig unnütze Teil noch vorhanden ist. Und das bei der Testaments-Erstellung auch nicht vergisst.

Dazu gehört auch so eine Maschine, die man nutzen kann, um Eier zu köpfen. Also nachdem man sie gekocht hat, selbstverständlich. Man setzt die drauf, und dann saust ein Gewicht runter, das ein Messer auslöst – und zack! Klappt immer, braucht niemand.

Neulich bei einem Familienfrühstück sagte mein Neffe, dass es immer wieder interessant sei, wer sein Frühstücksei köpfe und wer die Schale mühselig Stückchen für Stückchen entferne. Und mir fiel dafür sofort wieder diese äußerst nützliche Maschine ein, aber nicht deren Bezeichnung. «Eierbruchstellenerzeuger», meinte meine Nichte. Und sofort entspann sich eine muntere Diskussion, wie das Gerät denn wohl tatsächlich heißen könnte. Schließlich einigte man sich auf «Eiersollbruchstellenerzeuger», und tatsächlich konnte das allwissende Google-Orakel das bestätigen.

Als dann allerdings die Diskussionsrunde begann, die Vor- und Nachteile dieser Methode zu erörtern und dabei sehr schnell auf die lange übliche Nutzung dieser Idee am Menschen kam, die der Herr Guillotine erfunden hatte, da keimte in mir der Verdacht, dass ich lieber den Mund gehalten hätte und stand kurz davor, mich über mich selbst aufzuregen. Aber das wäre zu dem Zeitpunkt noch dämlicher gewesen als die Erfindung des «Eiersollbruchstellenerzeugers».

Und doch gibt es etwas, worüber ich mich immer aufregen kann – und das ist Unordnung. Und zwar meine. Ich bemühe mich wirklich, Ordnung zu halten, aber meistens gelingt es einfach nicht. Dabei hat alles seinen festen Platz – die Brille, die Autoschlüssel, das Portemonnaie. Nur sind diese Dinge dann nie da, wo sie sein sollen. Obwohl ich der festen Meinung bin, dass ich sie NATÜRLICH genau dorthin gelegt habe. Warum sind sie dann nicht da?

Ich weiß es nicht. Wenn ich es wüsste, wären sie ja da! Könnte ich mich drüber aufregen.

Hilft aber nix. Also gehe ich suchen. Und finde sie dann an einer Stelle, wo sie irgendjemand anders hingelegt haben muss. Ich doch nicht. War aber keiner da. Also rege ich mich wieder auf.

Natürlich weiß ich, dass es nahezu unmöglich ist, Ordnung zu halten, wenn Kinder im Haus sind. Kinder haben eben ihre ganz eigene Vorstellung davon, was Ordnung ist. Welche? Ja, wenn man das wüsste. Dennoch finden sie mit traumwandlerischer Sicherheit in einem Haufen aus Spielzeug dasjenige, was sie gerade brauchen. Um es dann irgendwo anders fallen zu lassen, was die Eltern zu slalomartigen Fortbewegungen veranlasst, um nicht irgendwo draufzutreten und Tränen-Sturzbäche auszulösen.

Dabei ist es doch gar nicht so schwer, einfach Ordnung zu halten. Auch für mich nicht. Es ist ja nicht so, dass es bei mir zu Hause aussieht wie bei Hempels unterm Sofa. Wirklich nicht! Die Klamotten habe ich brav im Schrank, alle Tassen auch. Sogar die Bärchen-Becher. Warum gelingt mir das nicht mit Autoschlüsseln oder der Brille?

Meine Bücher sind geordnet im Regal, die Biografie von Helmut Schmidt steht unter «S», die CDs sind nach Genre sortiert und die DVDs auch. Könnte ich Ihnen zeigen, wenn ich meine Brille fände. Aber wo ist die nun wieder - darüber kann ich mich aufregen!

Die schon erwähnte Fachfrau fürs Aufräumen Marie Kondo ist der Meinung, dass wir uns leicht von den Dingen verabschieden können, an denen wir keine Freude mehr haben. Ich habe eigentlich viel Freude an meiner Brille, und wenn ich die Schlüssel finde, fahre ich auch gern Auto - dennoch habe ich das Gefühl, dass ich mich von diesen Dingen längst verabschiedet habe - zumindest finde ich sie nicht mehr.

«Ordnung ist das halbe Leben», so hieß es in meiner Jugend. Gut, ich lebe manchmal gerade in der anderen Hälfte.

Es kann doch nicht so schwer sein, sage ich mir immer wieder. Es kann nicht so schwer sein, Ordnung zu halten! Ich rufe mich sogar zur Ordnung, aber es nützt nichts. Ich könnte jetzt nach weiteren Zitaten suchen, aber ich finde ja gerade meine Brille nicht.

Neulich las ich, dass die Reaktionsfähigkeit bei älteren Autofahrern mit den Jahren abnimmt. Aber wie soll man sich auch konzentrieren, wenn man noch nicht einmal die Autoschlüssel wiederfindet? Da muss man sich doch aufregen, und Aufregung schadet der Konzentration!

Neulich habe ich, eher aus Zwang denn aus Lust, meine Steuer-Unterlagen für das vergangene Jahr zusammengestellt. Ich bin glücklicherweise sehr genau mit meiner Ablage, weil ich den anderen Spruch beherzige: «Wer Ordnung hält, ist nur zu faul zum Suchen.» Aber wo waren bloß die Abrechnungen für das Telefon? Ich wusste, dass ich sie abgelegt hatte. Und auch, wo sie hingehören. Aber da waren sie nicht!

Ich überlegte kurz, ob ich mich aufregen sollte oder nicht – entschied mich dann aber dagegen, denn das hatte ich ja gerade eben schon getan, als ich meine Brille ..., aber das ahnen Sie sicher. Also machte ich mich auf die Suche. Schaute alle Ordner durch, blätterte in der Vor-Ablage, durchsuchte den Computer – nichts.

Ich fand dann, dass das doch ein guter Grund war, sich aufzuregen. Oder können Sie mir erklären, warum ich die ausgedruckten Seiten dann zwei Tage später im Keller fand? Im Keller! Neben dem Fondue-Gerät. Ich bitte Sie, wer hat die denn dort hingelegt?

Ich habe in meinem Leben schon oft Job und Stadt gewechselt und bin mehrfach umgezogen. Und es ist mir gelungen, diese Umzüge ohne wesentliche Verluste von Hausstand und Mobiliar zu überstehen, weil ich eben eigentlich Ordnung halte. Ich habe im Gegenteil dabei manchmal Dinge wiedergefunden, von denen ich gar nicht mehr wusste, dass ich sie hätte vermissen können. Ich sage das nicht, um anzugeben, sondern um zu belegen, dass mir Ordnung wirklich nicht fremd ist. Aber es ist mir ein glattes Rätsel, warum sich manche Dinge beharrlich meiner Ordnungsliebe entziehen.

Die Tipps von Marie Kondo helfen mir da nicht weiter, wenn Sie also einen Ratschlag haben, immer her damit. Denn dass ich mich immer wieder über meine Unordnung aufrege, ist ja auch keine Lösung.

Wir verstehen uns – oder auch nicht

Gerade zurzeit lese und höre ich in den Nachrichten immer wieder, wie wichtig der öffentliche Personennahverkehr (ÖPNV) ist. Und gleichzeitig vernehme ich immer wieder Aufregungen und Gemaule über die Deutsche Bahn. Und das absolut zu Unrecht, das muss ich jetzt einmal loswerden! Es ist nämlich einfach genial, was manche Institutionen mit unserer Sprache anfangen können und wie uns doch oft nichts mehr trennen kann als die Nutzung einer gemeinsamen Muttersprache.

Ich fahre morgens in der Hauptverkehrszeit häufig mit der S-Bahn und werde immer wieder Zeuge davon, wie gewissenhaft die Bahn ihren Auftrag erfüllt. Gerade heute wieder. Zum wiederholten Male begrüßte mich morgens der Zugzielanzeiger (so heißt das glaube ich korrekt) mit dem Hinweis: «Ein Wagen fehlt.» Nun mag manch unbedarfter Zeitgenosse sich denken: «Du lieber Himmel, so ein langer S-Bahn-Zug, da kommt es doch auf einen Wagen wohl nicht an!» – Nun wissen wir, dass die Überraschung groß sein wird, wenn dann in die Haltestelle ein Kurzzug einläuft, weil der «eine Wagen» 50 Prozent des gesamten Zuges ausmacht.

Ja, die Bahn tun gut daran, ihren Kunden nicht immer gleich die ganze Wahrheit zuzumuten. Wissen ist Macht, das ist klar, und wenn die Fahrgäste etwas NICHT wissen, dann macht das eben auch nichts. Sie müssen ja trotzdem einsteigen, wenn sie pünktlich ins Büro wollen. Sofern sie es schaffen, den halbierten Zug zu entern.

Wenn man es dann tatsächlich irgendwie geschafft hat, sich noch in die volle Bahn hineinzuquetschen, hat man bereits die erste Stufe der «Herausforderung Bahnfahrt» bestanden. Und jetzt kommen Sie mir nicht mit Corona und Abstandsregeln - wir tragen alle Maske, das muss reichen. Und sollte sich jemals einer der Fahrgäste in seinem Leben darüber beklagt haben, dass ihm oder ihr ab und an menschliche Nähe fehle, so muss er nur in der Hauptverkehrszeit in einen Kurzzug einsteigen - mehr Nähe geht nicht!

Und damit leistet die Bahn auch noch einen wichtigen Beitrag zur Volksgesundheit, denn man sagt ja den Viren nach, dass sie hauptsächlich durch direkten Körperkontakt übertragen werden - ich sage nur: Affenpocken! Oder welcher Virus gerade in Mode ist.

Wer je eine längere Kurzzug-Fahrt überlebt hat, dem können keine Viren der Welt mehr etwas anhaben, dessen Immunabwehr ist nach mehreren Stationen mit intensivem Körperkontakt durch diverse Mitreisende voll intakt!

Außerdem halten uns viele der Fahrer zusätzlich bei Laune und schärfen unsere Wahrnehmung mithilfe ihrer Durchsagen. Dabei gibt es zwei Möglichkeiten: Die erste besteht darin, dass man nur Rauschen und Gemurmel hört, weil der Lautsprecher zu leise eingestellt ist. Das ist natürlich einerseits besonders rücksichtsvoll gegenüber denjenigen, die laut in ihre mobilen Telefongeräte tröten und deren, nennen wir es Gespräche, man dabei stören würde.

Die zweite Möglichkeit hingegen ist wesentlich kommunikativer. Man lässt die Fahrgäste raten, was wohl mit der Durchsage gemeint sein könnte. Heute kamen wir in großer und sehr enger Runde erst nach intensivem Austausch darauf, dass mit der Durchsage «Nimmnammsamm» die Haltestelle «Trimbornstraße» gemeint war. Das macht Spaß, das macht Laune und schärft die Sinne.

Aber Achtung, die Konkurrenz schläft nicht, auch andere drängen inzwischen auf den Entertainment-Markt im ÖPNV. Die Kölner Verkehrs-Betriebe, kurz KVB – das steht definitiv nicht für «Keiner vährt besser» –, haben ebenfalls lustige Durchsagen entwickelt, um die Fahrgäste bei Laune zu halten und so die Fahrzeit zu einem Spaßbetrieb werden zu lassen. Beliebte Durchsage in einer Straßenbahn: «An der nächsten Haltestelle findet kein Fahrgastwechsel statt.» Gut, mag sich mancher denken, ich wollte da sowieso nicht hin, also freue ich mich, dass sie diesmal dort nicht die Fahrgäste auswechseln. Nur ist das gar nicht gemeint, sondern es heißt schlicht, dass die Bahn dort nicht hält.

Ein andermal informierte uns der Fahrer darüber, dass an der nächsten Haltestelle «keine Fahrgastumsetzung» stattfinden würde. Erleichterung machte sich breit, denn dann könnten wir ja sitzen bleiben und müssten uns keine neuen Plätze suchen. Aber auch hier sollten wir nur darauf hingewiesen werden, dass sich an der nächsten Station die Türen nicht öffnen würden. Klar könnte man das auch einfach exakt so sagen, aber wo bleibt dann der Rätsel-Spaß?

Den hat die KVB übrigens auch in anderer Hinsicht perfektioniert. Wenn an einer Haltestelle der Fahrtrichtungsanzeiger (so heißt der wirklich) anzeigt, dass die nächste Bahn in «5 Minuten» kommen würde, dann haben sich schon ganze Tippgemeinschaften gebildet, die Wetten annehmen, was wohl mit «5 Minuten» gemeint sei. Eines ist klar – definitiv nicht fünf Minuten, das kann von zwei bis zehn Minuten alles beinhalten, und so mancher oder manche hat an besonders belebten Haltestellen schon überlegt, ob er oder sie nicht den Beruf aufgeben und nur von den Wett-Ergebnissen leben solle.

Mal ehrlich – wer braucht noch Abenteuerurlaube, wo doch der ÖPNV vor der Haustür lauert. Ich bin ein Stadtbewohner, holt mich hier raus! Komisch, dass RTL diesen Dschungel noch nicht entdeckt hat. Aber kein Grund zur Aufregung – das kommt sicher noch!

Aber glauben Sie mir, Umständlichkeitsdeutsch ist noch steigerungsfähig. Oder wissen Sie, was ein «lebender, selbstbeschleunigender Kleinflugkörper mit programmierbarer Rückkehrfertigkeit» ist? So nennt man im korrekten Behördendeutsch eine Brieftaube. Irre, oder? Ich weiß nicht, wie oft ich mich schon über offizielle Sprachkunststücke aufgeregt habe.

Oder kennen Sie den beliebten Politikerspruch, dass man die Menschen ja «dort abholen müsse, wo sie sind», um sie dann später «mitzunehmen»? Ja, wen will man denn mitnehmen, wenn man nicht weiß, wo er ist?

Und jeden Abend stelle ich mir wieder vor, wie das gehen soll, wenn mir im Ersten Deutschen Fernsehen versichert wird, dass mir der Börsenbericht vom «Miele Kaffeeautomat» präsentiert wird. Und ich Dummerchen habe doch tatsächlich geglaubt, dass ich den Fernseher eingeschaltet hätte.

Sprache ist etwas Wunderbares. Da werden häufig besonders zwischenmenschliche Emotionen angesprochen. Wie albern und prosaisch klingt ein Satz wie: «Ich liebe dich.» Das kann man doch viel ausdrucksvoller sagen mit den wohlklingenden Worten: *«In meinem seelisch-geistigen Gefühlsempfinden offenbaren sich aufsteigende, vorteilhafte Anziehungswirkungen für die anwesende Eigenartgestalt deiner Person.»* – Da sieht man doch sofort ein Leuchten in den Augen des Gegenübers und spürt förmlich das Kribbeln im Bauch.

Und ich bin sicher, dass sich niemand der Faszination einer Geschichte entziehen könnte, die folgendermaßen beginnt:

«Langsam ging er durch die Personenvereinzelungsanlage unter dem raumgreifenden Groß-Grün hindurch und erreichte die bedarfsgesteuerte Fußgängerfurt, wo der Gelegenheitsverkehr an ihm vorbeirauschte. Von der Grundstücksentwässerungsanlage neben ihm tropfte es sanft auf die nichtlebende Einfriedung. Weder bemerkte er die Anleiterbarkeit noch den einachsigen Dreiseitenkipper.»

In Gedanken wiederholte er immer wieder diesen einen Satz, den er ihr sagen wollte und von dem er wusste, dass dieser ihrer beider Leben verändern würde: «In meiner psychisch-seelischen Konstitution dokumentieren sich dominante Positiveffekte für die existierende Charaktergestalt deiner Person!» Und er ahnte, dass sie diesen Satz in ihre persönliche Lebensberechtigungsbescheinigung eintragen würde.

Ja, da spürt man doch in jedem Buchstaben deutlich, dass das Erbe von Hedwig Courths-Mahler in uns allen lebt. Das ist Romantik pur.

Für alle prosaischen Gemüter hier eine proletarisch vereinfachte Form:

«Langsam ging er durch das Drehkreuz unter dem Baum hindurch und erreichte die Ampel, wo Taxis und Mietwagen an ihm vorbeirauschten. Von der Regenrinne neben ihm tropfte es sanft auf den Zaun. Weder bemerkte er die Leiter noch die Schubkarre.

In Gedanken wiederholte er immer wieder den einen Satz, den er ihr sagen wollte und von dem er wusste, dass dieser ihr Leben verändern würde: ‹Ich liebe dich!› Und er ahnte, dass sie diesen Satz in ihr Stammbuch eintragen würde.»

Mal ehrlich, so kann das doch kein Erfolg werden!

Nein, lasst uns die Sprache auswringen, damit man uns dort abholen und mitnehmen kann! Das habe ich schon immer gesagt! Und regen wir uns nicht auf, denn ohne die oben eben sehr genaue Tätigkeitsbeschreibung einer Brieftaube hätten Sie doch nie gewusst, was dieses kluge Tier alles vermag.

Es wird also Zeit, sich einmal bei dem lehrreichen

Amtsdeutsch erkenntlich zu zeigen. Nur eine Frage habe ich noch – was ist eigentlich eine «Wurzelbehörde»? So bezeichnet sich die Bundesnetzagentur auf ihrer Webseite. Sollten Sie wissen, was das ist, bin ich für Informationen dankbar. Und nicht nur ich, auch das Internet. Das Übersetzungsprogramm für Englisch meldet nämlich: «Leider keine Übersetzung gefunden».

Tja, es lohnt leider nicht, sich darüber aufzuregen, solange man nicht weiß, was es ist.

Homeoffice

Meine Mutter kannte viele wunderbare Sinnsprüche. Damit meine ich nicht solche, wie man sie sich früher in das Poesiealbum schrieb - gibt es das heute überhaupt noch? Nein, ich meine so Sätze, die die Absurditäten des Lebens so herrlich auf den Punkt brachten und die man heute nicht mehr kennt. Einzig das drohende «Solange du deine Füße unter meinen Tisch ...» - Sie wissen schon. Das hat die Zeiten überlebt.

Der Satz, den ich meine, lautete: «Entweder konsequent oder inkonsequent - aber nicht mal so und mal so!» - Herrlich, damit konnte man jede streitbare Auseinandersetzung ad absurdum führen. Und ich gestehe: Konsequenz ist <u>nicht</u> mein zweiter Vorname. Davon können meine Familie und Freunde ein Liedchen singen. Wie oft habe ich schon gesagt: Ich höre auf zu arbeiten! - Und das manchmal auch gemacht. Nur um kurze Zeit später das Rentnerdasein noch mal aufzugeben und wieder ins Geschirr zu gehen. «Nur kurz und nur als Aushilfe!» Und dann begann das Spiel von Neuem, aber dazu gleich.

Ich gestehe, ich habe einen Sprachfehler. Ich kann einfach nur ganz schlecht «Nein» sagen. Das verschafft mir zwar viele Freunde, aber auch manche schlafarme Nacht. Dabei weiß ich oft, dass es klüger wäre, etwas abzulehnen, aber es fällt mir dann unendlich schwer.

Natürlich hilft man sofort, wenn eine Freundin oder

ein Freund unverdient in Nöten ist, das ist doch selbstverständlich, und ich weiß, dass andere das für mich auch tun würden. Davon rede ich nicht. Und wenn die Spendensammler vom Roten Kreuz oder dem Tierschutz vor der Tür stehen, muss ich unbedingt so tun, als sei ich nicht zu Hause, sonst bin ich sofort noch ein Fördermitglied in noch einem Verein. Ich weiß ja, dass die Gutes tun. Das reicht, um zu unterschreiben.

Schon der Satzbeginn «Axel, kannst du bitte mal eben ...» sollte mich zum sofortigen Fluchtreflex bewegen, weil ich ahne, dass es nicht bei «mal eben» bleibt. Aber ich kriege das nicht hin. Keine Chance.

Ich hatte also meinen Job an der Hochschule fristgemäß mit Eintritt in das Rentenalter gekündigt, viele Reisepläne geschmiedet und die Termine dafür schon festgelegt. Die Abschiedsfeier war übrigens sehr schön.

Mein damaliger schon Ex-Chef hielt eine kleine Rede, was ich persönlich gar nicht so mag, weil das immer so nach Nachruf klingt. Aber diese Befürchtung war in diesem Fall völlig unbegründet, denn schon am nächsten Tag bekam ich einen Anruf von ihm. Mein Nachfolger hätte noch Übergangsprobleme, ob ich eventuell «... nur für kurze Zeit ... nur als Aushilfe ... ich wisse ja Bescheid ...» – nun ja, ich erwähnte das bereits.

Für kurze Zeit ist das ja kein Problem, denkt man sich, und ich bin ja nicht ungefällig. Und tatsächlich lief der neue Vertrag nach zwei Jahren aus. Und die Abschiedsfeier war übrigens sehr schön.

Nun hatte ich noch ein paar Vorlesungen zu halten,

und ich bemühte mich nach Kräften, all meinen Ex-Vorgesetzten zu entgehen. Was mir auch etliche Wochen gelang, aber dann muss ich wohl unvorsichtig oder leichtsinnig gewesen sein, denn plötzlich stand er vor mir. Und schaute mich so traurig an.

Ich wisse ja, was derzeit los sei und dass ein befreundeter Kollege Unterstützung benötige und ob ich nicht noch einmal kurz …

Jetzt können Sie mit Fug und Recht sagen: «Reg dich nicht auf! Da bist du doch selbst schuld. Sag nein und fertig!» – Und Sie hätten vollkommen recht. Es wäre so vernünftig. Und ich sollte unbedingt «Nein» sagen. Und dann höre ich mich sagen: «Ja klar!»

Nach einem weiteren Jahr nehme ich nun zum dritten Mal Abschied. Die Feier war übrigens sehr schön. Und diesmal habe ich gelernt. Ich habe meine Kollegen einen Text unterschreiben lassen, dass ich nur zusage, wenn sie ihrerseits versichern, mich danach NIE WIEDER zu fragen. Natürlich versuchten sie es dennoch, aber auf die Frage: «Bleibt es bei deiner Ablehnung?» konnte ich diesmal aus vollem Herzen nur sagen: «Ja!»

Aber noch mal ein kurzer Blick zurück, denn das wollte ich ja eigentlich erzählen. Sie bringen mich aber auch immer dazu abzuschweifen.

Irgendein Grund ließ sich immer finden, warum ich dem konsequenten Rentnerdasein entsagen wollte. Natürlich nur kurz! Und nur zur Aushilfe! Zuletzt war es Corona. Natürlich stellte die Pandemie mit ihren Einschränkungen jedes Unternehmen vor erhebliche organisatorische Schwierigkeiten, auch meine Hochschule. Und als dann der erwartete Anruf kam: «Du kennst doch die Abläufe aus dem Effeff...», da brauchte es kaum Überzeugungskraft. Man kann ja ohnehin nichts machen – ist ja alles geschlossen, und reisen ging auch nicht. Und schließlich kannte ich ja die Abläufe aus dem Effeff. Außerdem war es ja nur kurz. Und nur zur Aushilfe.

Das ist jetzt ein gutes Jahr her, und bald werde ich natürlich aufhören, ist ja klar. Aber noch sitze ich im Homeoffice – bei reduzierter Arbeitszeit. Na und? Ich wäre sonst doch auch zu Hause. Man kann ja ohnehin nichts machen. Dann kann ich auch arbeiten. Ist doch konsequent, oder?

Homeoffice ist sowieso toll. Man muss sich nicht in volle S-Bahnen quetschen, um zur Arbeit zu fahren oder morgens und abends im Rushhour-Stau stehen. Bequem zu Hause am Computer, in aller Ruhe. Also theoretisch. Wie meistens sieht die Wirklichkeit deutlich prosaischer aus.

Gestern beispielsweise hatte ich wieder mal eine Videokonferenz. Zugeschaltet waren sechs Kolleginnen und Kollegen aus verschiedenen Städten. Mitten hinein in die Diskussion klingelte es. Also Mikrofon aus, Kamera aus, Tür auf. «Können Sie bitte ein Paket für den Nachbarn annehmen?» – Natürlich, ich bin ja nicht ungefällig. Tür zu, Paket weglegen. Was die wohl für schwere Teile bestellt haben. Aber geht mich ja nichts an. Kamera an und wieder mitdenken.

Und kurz darauf hatte ich eine wirklich gute Idee zu

dem Thema und meldete mich zu Wort. So elektronisch mit einem Händchen auf dem Bildschirm. Ich kam dran und erläuterte meine brillante Idee. Meine Kolleginnen und Kollegen schauten irritiert. Dann sagte jemand: «Mikro an!» Mist, hatte ich vergessen. Und jetzt also das Mikro angeschaltet.

Aber nun hatte ich vergessen, was ich sagen wollte. Und ich konnte ihren Gesichtern ansehen, dass sie dachten: Mann, der ist aber auch alt geworden. –

Also Homeoffice ist wirklich klasse.

Später am Nachmittag hatte ich Vorlesung. Zwanzig Studierende hatten sich auf der Plattform angemeldet – das bedeutete zwanzig schwarze Rechtecke mit jeweils einem Namen. Warum musste ich dabei bloß immer an einen Friedhof denken? Und jetzt kommen Sie mir nicht mit: «Nun ja, in deinem Alter.» Das hat damit gar nichts zu tun.

Die Vorlesung wäre beinahe auch wie immer verlaufen: Ich monologisiere vor mich hin, denn Nachfragen, Feedback oder Unterbrechungen gibt es so gut wie nie. Das stimmt nicht ganz, denn mitten hinein in den Monolog klingelt es an der Tür. «Moment, bitte». Mikro aus, Kamera aus, Tür auf. Ah, der Nachbar holt sein Paket. Ist aber ganz schön schwer ... leider gibt er mir aber keine Erklärung. Tür zu, Kamera an. Aha, denken Sie, ich weiß, was kommt. Nein! Nicht zweimal am Tag. Mikro an und weiter im Text.

Der folgende Tag hatte eine neue Überraschung für mich parat. Ich war per Video mit einem Kollegen verabredet, wir wollten uns inhaltlich abstimmen. Wichtig, um Doubletten im Kurs zu vermeiden. Wir waren gerade im Fluss, da begann jemand bei mir im Haus zu bohren. In Beton. Kennen Sie dies Geräusch, bei dem einem fast die Schädeldecke wegfliegt und man sich außerdem instinktiv fragt, wie lange eigentlich der letzte Zahnarztbesuch her ist? An ein Gespräch war nicht zu denken, denn wer immer da handwerkte – er tat es gründlich. Wir mussten uns vertagen, der Bohrer tat das leider nicht.

Und nicht zu vergessen – da wäre noch ein ganz besonderer Moment im Homeoffice, und der ist immer dann, wenn auf dem Bildschirm die Nachricht erscheint: «Ihre Internetverbindung ist nicht stabil». Dann weiß ich, dass kurze Zeit später das Bild einfriert – meist in einer sehr unglücklichen Einstellung, die einen besonders debil aussehen lässt. Und das war es dann erst einmal.

Irgendwann kommt das Signal wieder, und man muss sich gar nicht entschuldigen, weil das einem der Teilnehmerinnen und Teilnehmer immer passiert. Alle kennen das und übergehen die Bilder – hoffentlich. Kann man eigentlich davon Screenshots machen? – Aber unsere ehemalige Bundeskanzlerin hat ja bislang in jeder ihrer vier Regierungserklärungen gesagt, dass der Ausbau der Digitalisierung Vorrang habe. Nur weiß ich nicht – Vorrang wovor? Man kann auch nicht im Bundeskanzleramt nachfragen, denn der neue Kanzler ist bestimmt auch im Homeoffice.

Ja, es ist allgemein bekannt, dass viele Menschen zu Hause und im Homeoffice waren und zum Teil auch noch sind. Das sind zugegebenermaßen schlechte Zeiten für Einbrecher, und die Zahl der Einbrüche ist ja auch drastisch zurückgegangen. Gute Zeiten aber für DHL, Hermes, UPS, DPD, Amazon und Co. Und da ich im Erdgeschoss wohne, klingelt man dort wegen der kurzen Wege sehr gerne. Und wenn es nicht der Paketdienst ist, dann sind es die «Vier Pfoten» oder das «Rote Kreuz» - die Menschen sind ja zu Hause. Ausflüchte unmöglich. Und ich kann ja nicht aus Verzweiflung jeden Tag stundenlang einkaufen gehen, nur damit mal woanders geklingelt wird.

Das Telefon klingelte in der Pandemie auch wieder öfter - sogar auf dem Festnetz. Alle wissen ja, dass ich zu Hause war. Sogar die Zeugen Jehovas, aber die klingeln an der Tür. Und was ist der Grund? Corona.

Nein, ich werde nicht auf Corona schimpfen, so quer kann ich gar nicht denken. Im Gegenteil - einigen Menschen hat Corona sogar die perfekte Ausrede für alles gegeben. Ja, es stimmt - die Pandemie hat viel verändert, keine Frage. Da dachte ich in meinem nicht mehr allzu jugendlichen Leichtsinn, dass mich nicht mehr viel überraschen könne ... Es konnte.

William Somerset Maugham sagte: «Wenn man genug Erfahrungen gesammelt hat, ist man zu alt, sie auszunutzen.» Das mag ja auf viele Erfahrungen zutreffen, aber welche Erfahrungen sollte man bitte nach Corona wo ausnutzen? Man konnte ja überhaupt keine mehr machen. Für eine Zeit stand das Land still. Nicht nur das Land, fast die halbe Welt.

Kein Ärger im Bus, kein Gedrängel in Kneipen, immer Abstand ... - es war aber auch zu ärgerlich. Ich kam kaum noch aus dem Haus, außer zum Einkaufen, und letztlich hatte auch jeder Supermarkt genug Toilettenpapier. Worüber sollte ich mich also aufregen? Es war zum Wütendwerden!

Viele Menschen mussten auf jegliche sportliche Aktivität verzichten, sofern sie nicht das Joggen für sich entdeckt hatten oder zu den Glücklichen gehörten, die rechtzeitig ein Fahrrad bestellt hatten - ohne Elektromotor. Und das Ergebnis: Neulich traf ich einen guten Freund, der klopfte auf seinen Bauch und sagte: «Ich bin ein Corona-Opfer.» Ja - Corona war an allem schuld, endlich hatten wir den Sündenbock, den wir so dringend benötigt haben. Nicht wir waren es - Corona war schuld.

- Der ohnehin ungeliebte Verwandtenbesuch konnte leider nicht stattfinden - Corona.
- Sport machen? Ging ja nicht, wegen Corona.
- Bundestagswahlkampf? Fiel nahezu aus, wegen Corona.
- Kein Kinobesuch, kein Theater, nicht mal essen gehen.
- Und Karneval gab es schon gleich gar nicht. Was also konnte man tun?

Glücklicherweise gab es das Internet, und das hat uns zuverlässig bedient. Das weltweite Web hat ja ständig das Ohr am Puls der Zeit und weiß, was seine Nutzer brauchen, die man gemeinhin auf Deutsch «User» nennt.

Und obwohl ich bis dahin nie - ich unterstreiche: nie! -

auch nur einen Gedanken an fettreduzierte Lebensmittel verschwendet hatte und Nahrungsergänzungsmittel zum Muskelaufbau allenfalls aus meinen Albträumen kannte, bekam ich zuverlässig Angebote, die mir helfen sollten, etwaiges Corona-Hüftgold wie Butter in der Sonne schmelzen zu lassen, wobei Butter hier wohl leider die falsche Metapher wäre.

Die nachfolgenden Zitate sind alle original aus Internetangeboten herauskopiert, ich schwöre es bei allen Plagiat-Jägern. Aber sie sind so lyrisch, so sprachlich ungewöhnlich, dass ich sie Ihnen einfach nicht vorenthalten möchte. Und wenn man einmal damit angefangen hat, diese Texte zu sammeln, kann man einfach nicht damit aufhören. Und was soll's – ich hatte ja Zeit und war dank Homeoffice und Videokonferenzen ohnehin viel im Internet unterwegs.

Ich beginne mit einem vergleichsweise schlichten Text, der aber in seiner Tiefe einfach unergründlich ist und deshalb unbedingt Lust darauf macht, sich nicht näher mit ihm zu beschäftigen:

«Auch wenn Sie es geschafft, in seiner Entscheidung verlängert Zeitraum osigales wahrscheinlich nicht den beabsichtigten Wirkungen und einfach zniechecales zu bleiben. Kling das vertraut?» – Nun, ich bin sicher, es klingt vertraut für Sie, denn wer wollte nicht schon immer zniechecales bleiben? Geben Sie es ruhig zu! Wir sind ja unter uns!

Aber all die Slogans, die uns angesichts von coronabedingter Bewegungslosigkeit helfen sollten, trotzdem an unserer Selbstoptimierung zu arbeiten, die uns «sichtbare und skizzierte Muskeln» versprechen, die genau wissen, wie «holen muskulösen Körper» und die uns empfehlen «Speichern Sie Ihre Haare» – die wollen uns ja Gutes!

Nein, Sie wollen sogar unser Bestes – nämlich unser Geld. Und daher wissen sie genau, was zu tun ist, «für alle die schnell Gewicht zu verlieren will».

Ich habe es genossen, das Internet zu durchkämmen und diese Perlen der Sprache zu sammeln. Natürlich könnte ich mich auch darüber ärgern, dass man mich oder Sie für so blöd hält, dass wir auf solche Sprüche reinfallen. Aber lohnt sich das?

Viele Tausend Zeitgenossinnen und -genossen haben wirklich an die Existenz einer Piemont-Kirsche geglaubt, die angeblich in einer Likörpraline gewesen sein soll.

Ja, die Welt will betrogen sein – lachen wir darüber und freuen uns über die schlimmsten Marketing-Sprüche, teilen sie untereinander und haben wir daran unseren Spaß!

«Keine Frau nicht in der Lage Ihnen zu widerstehen!» – Und auch kein Mann. Und wenn ein Text besonders blöd ist, dann denke ich an Sara, die ebenfalls ein solches Mittel getestet hat, und ihren Kommentar: «Es wird laut und lang Schrei sein!»

Dem ist doch nichts hinzuzufügen. Wie schön, dass ich so viel Zeit habe, im Internet zu recherchieren. Das Homeoffice ist wirklich ein Segen. Meistens ist es ja ruhig und – Moment, Entschuldigung, das Telefon klingelt gerade, ich muss mal eben rangehen, da bin ich konsequent oder inkonsequent – aber nicht mal so und mal so.

Danke Homeoffice, danke Corona und danke Lockdown!

Wortspiele (3)

Habe neulich eine Werkschau mit Kunstwerken des englischen Künstlers Banksy gesehen und war ganz erschlagen von dessen kreativen und ungewöhnlichen Einfällen, fühlte mich echt klein. Auf der Rückfahrt lief im Radio ein Song vom Wendler. – Danach ging es wieder.

Man wirft in der Presse einem Politiker manchmal vor, dass er seine Haltung mangelhaft kommuniziere. Aber was, wenn er gar keine Haltung hätte?

Die gleich mir Älteren werden sich vielleicht noch an «Halla» erinnern, das Wunderpferd des Springreiters Hans Günter Winkler. Demnach wäre «Walhalla» der richtige Name für ein Seepferdchen …

Manche Politiker sagen, dass «der Markt» alles regeln würde – und meinen damit doch nur «die Geldbörse».

Viele Nachnamen haben ja etwas mit ehemaligen Berufen zu tun. So haben die Vorfahren der Familie <u>Becker</u> noch Brote gebacken und die von der Familie <u>Schmidt</u> Pferde beschlagen. Und die Ahnen der Familie <u>Müller</u> waren wohl für die Abfallbeseitigung zuständig.

Man lobt denjenigen, der guten Gewissens morgens in

den Spiegel schauen kann. Ein Glück, dass der SPIEGEL nur montags erscheint.

Floskeln

Es gibt so Modewörter, Modebegriffe und Formulierungen, über die ich mich richtig aufregen kann. Zurzeit ist das: «Genau!»

Meine Studierenden nutzen dies Wort permanent, bei jeder Präsentation endet eine Wortmeldung immer mit diesem Begriff. Und sie merken es nicht einmal – so tief hat es sich eingebrannt. Ich verstehe ja, dass man gerne auch mal beim Sprechen nachdenken möchte und begrüße das sogar außerordentlich. Passiert ja leider oft das Gegenteil – erst reden, dann denken. Ha, ich wusste, dass Ihnen sofort ein Beispiel einfällt!

Eine Zeit lang war das mal der Begriff «sozusagen», der wurde sozusagen in jedem Satz verwendet. Selbst in den Nachrichten im Radio fiel mir das auf. Ob es sozusagen ein Verbalvirus gibt? Und kann man sich dagegen impfen lassen?

Natürlich hat jede Zeit ihre Modeworte, wir haben das Thema hier schon mehrfach angerissen. Aber ist es nicht erstaunlich, wie sich das verbreitet? Und wie bedenkenlos wir das übernehmen?

Wer einmal in den USA war, der weiß, dass die Formel «Have a nice day», also «Hab einen schönen Tag!», dort gang und gäbe ist und ausnahmslos jeder Kunde so aus einem Laden verabschiedet wird. Bei uns hieß es immer nur «Auf Wiedersehen» oder regional «Tschüss», «Tschö» oder «Adele!». Letzteres bei den Baden-Württembergern, die ja alles können, außer ... Genau!

Heute heißt es häufig bei uns «Wir sehen uns!». Haben sich plötzlich in Deutschland hellseherische Fähigkeiten breitgemacht? Woher wollen diese Menschen das wissen? Und woher nehmen sie die Überzeugung, dass ich diese Aussage nicht eventuell sogar als Drohung auffasse?

Ich ertappe mich dabei, mich nach einem einfachen «Mahlzeit!» zu sehnen. Wobei ich sehr dankbar bin, dass das eine Weile sehr erfolgreiche «Tschüssikowski!» dem Vergessen anheimgefallen ist.

Ich bin ja wirklich ein Freund von Wortspielen ... ach, das ist Ihnen noch nicht aufgefallen? Doch, bin ich. Aber Wortschöpfungen wie «zum Bleistift» vermisse ich keine Sekunde. Wirklich nicht! Die schlagen dem Fass die Krone ins Gesicht! (Es schüttelt mich gerade.)

Vor einiger Zeit war das Wort «echt» so eine Sprachkrankheit, insbesondere dann, wenn man signalisieren wollte, dass einen eine Nachricht überrascht hat. Echt mit Fragezeichen war der Ausdruck der verbalen Verblüffung. Man konnte «echt» aber auch als Bestätigung scheinbar unglaublicher Geschichten sagen, dann aber mit Ausrufezeichen. Also: «Die Bahn ist pünktlich.» – «Echt jetzt», Fragezeichen, Ausrufezeichen, Fragezeichen.

Heute nutzt man dafür die Floskel «Ich schwör!» – Bei besonders unglaublichen Dingen, also wenn man beispielsweise von einem störungsfreien Flug mit Eurowings berichtet, was ja in mehrfacher Hinsicht unglaublich wäre, hilft die Bestätigung mit «Doppelschwör!».

Was heißt das? Und was sag ich, wenn ich das dann trotzdem nicht glaube? Früher sagte man dann «echt» mit Fragezeichen. Heute dann wohl eher «Doppel-Mein-eid»?

Andererseits können solche Modewörter auch helfen, die Sprache zu vereinfachen. Nehmen wir ein Wort wie «nachhaltig» – ohne Zweifel derzeit ein Modewort. Aber es steht für ganze viele Inhalte, die wir alle mit diesem einen Begriff verbinden: langlebig, wirkungsvoll, zukunftsorientiert, umweltschonend, ressourcenschonend, regional und saisonal, wirksam, anhaltend, beständig, dauerhaft. Alles das zusammen in einem Begriff. Ich schwör!

Damit gilt für dieses Wort das, was wir schon mal in einer anderen Floskel so benennen: «Das macht Sinn!» – Sollte das nicht für jeden unserer Sätze gelten?

Genau! In diesem Sinne: Wir sehen uns!

Spam oder nicht Spam ...

Sicher kennen Sie das auch – man öffnet sein Mailpostfach und bekommt eine ganze Reihe von neuen Mails
angezeigt, aber die meisten davon sind einfach nur Werbung oder beruhen auf irgendwelchen früheren Einkäu-
fen oder Suchergebnissen. Einmal nach Berlin gefahren
und dort ein Hotel gesucht, und man hat jahrelang Hotel-
empfehlungen für die Hauptstadt im Postfach. Ärgerlich,
aber nur zu ändern, wenn man die Mailadresse wechselt.
Dabei könnte man auf derlei Kontakte gut verzichten.
    Es wird häufig beklagt, dass unsere Zeit so egoistisch
geworden sei, Großstädte so anonym und dass sich niemand mehr um andere kümmern würde. Also ich kann
das momentan nicht bestätigen. Laut dem World Hap-
piness Report 2021, den ein Forschungsnetzwerk der
UN herausbringt, sind gerade die Deutschen jetzt zurzeit glücklicher als <u>vor</u> Corona. Eine von vielen Begrün-
dungen: Die Menschen kümmern sich mehr umeinan-
der, sind nicht mehr so hektisch. «Man sollte sich nicht
ständig fragen, wie geht es mir, sondern: Was kann ich für
andere tun?», so sagt der Dalai Lama. Und auch ich merke,
dass sich viele Menschen um mein Wohlergehen Gedanken machen. Die Politik allerdings leider gerade weniger,
und die Werbeagenturen meine ich auch nicht. Aber dafür melden sich inzwischen mir völlig unbekannte Menschen und wollen wissen, wie es mir geht.

Meist tun sie das sogar nicht privat, sondern auf meinem beruflichem Mailkonto. Gerade heute hat mich zum Beispiel Anke Zimmermann angeschrieben und meinte: «Hallo Schatz, wir müssen reden!» Und ich solle doch ihre Webseite aufrufen. Dafür wollte sie mir sogar ihre Kreditkartennummer geben, ist das nicht nett? Und dabei hätte ich nicht mal gewusst, worüber sie mit mir reden wollte. Und kurze Zeit darauf meldete sich eine Valeria, und auch eine Elina wollte wissen, wie es mir ginge. Ist das nicht ausgesprochen reizend?

Ich weiß, was Sie jetzt denken, aber natürlich sind das keine ärgerlichen SPAM-Angebote, sondern sicher ehrlich gemeinte und fürsorgliche Mails von freundlichen Menschen. Gut, manchmal schreiben Gina, Svenja und Maike absolut gleichlautende Mails, aber das bedeutet ja nur, dass mehrere Menschen gleichzeitig auf die nette Idee kommen, sich bei mir nach meinem Gesundheitszustand zu erkundigen. Und nicht nur in Corona-Zeiten tut das doch gut.

Solange die Menschen so freundlich sind, ist es auch nicht besonders wichtig, dass die Mails nicht durchgängig fehlerfrei sind. So schrieb zum Beispiel Sylvie mir: «Ich würde mich freuen, Sie kennenzulernen. Ich sende mein Foto. Ich hoffe du wirst es mögen. Küsse an Sylvie.» Mal du, mal Sie – das kann doch im Eifer des Schreibens mal passieren. Und dass sie leider nicht genau festgelegt hat, wo genau an Sylvie denn die Küsse hinsollen, aber darüber kann man doch hinwegsehen, finde ich. Komisch war nur, dass Wilma am nächsten Tag genau dieselben Worte wählte, allerdings ließ sie die Küsse weg. Gwenny und Arlynda gingen noch einen Schritt weiter, sie versprachen: «Ich werde dir mein Foto werfen.» – Gut, sie taten es nicht, und bei mir blieb alles heil.

Eine Mail von Josy lappte gar ins Philosophische, als sie mir schrieb: «Reiche Damen wollen auch Liebe!» – wer wollte ihr da widersprechen? Und Flavia lieferte mir als Begründung, dass sie heute ein positives Horoskop hätte und sich daher traue, mich zu fragen: «Dies ist mein erstes Mal in deiner Stadt, ich habe hier keine Bekannten, kannst du mir deine Stadt zeigen?» Leider hatte ich gerade an dem Tag keine Zeit – zu schade.

Charlotte schickte mir sogar ein Foto von sich, allerdings hätte ich mich dafür merkwürdigerweise auf einer Webseite anmelden müssen, und das erschien mir doch etwas zu aufwendig, denn ich wusste ja noch gar nicht, ob mir Charlotte oder ihr Foto gefallen würden.

Sofia schrieb mir, dass sie es sehr bedauere, sich so lange nicht gemeldet zu haben, aber sie sei krank gewesen. Nun hatte ich Sofia überhaupt nicht vermisst, weil ich sie gar nicht kannte, aber gedanklich schickte ich ihr ein paar gute Genesungswünsche. Sofia musste wohl über telepathische Fähigkeiten verfügen, denn am Folgetag bedankte sie sich für meine Nachricht. Außerdem fragte sie mich, was denn nun mit dem besprochenen Treffen sei. Tja, da war ich ratlos, weil ich dazu keine gedankliche Nachricht geschickt hatte. Also dachte ich mir: Nein, lass mal. Das muss sie telepathisch empfangen haben, denn ich habe nie wieder etwas von Sofia gehört.

Eine unerwartete Wendung gab es, als sich mit Hans der erste männliche Interessent an meinem derzeitigen Zustand bei mir meldete. Er sei Anfang 30 und sehr beeindruckt von meinem Lebenslauf. Ich fragte mich, woher er den wohl haben könnte, von mir jedenfalls nicht – aber heute ist man ja dank Google ziemlich gläsern.

Und Hans wollte mich, wie er schrieb, unbedingt kennenlernen, weil Offenheit und Ehrlichkeit für ihn besonders wichtig seien. Ich habe ihn in aller Offenheit und Ehrlichkeit darauf hingewiesen, dass er sich sicher vertan hätte und die Mail wohl ein Irrläufer sei. Woraufhin er sich bei mir für meine überaus freundlichen Worte bedankte und vollkommen offen und ehrlich darauf hinwies, dass Hans ein Pseudonym und er selbst russischer Staatsbürger sei. Er lebe in Biysk und arbeite dort in einer Sperrholzfabrik. Und er arbeite ausschließlich mit Männern zusammen, dabei sei er homosexuell und deswegen in Russland sehr gefährdet, deshalb dürfe das in gar keinem Fall irgendjemand wissen.

Ich fragte mich gerade, ob es dann eine gute Idee sei, solche Mails zu schreiben, las aber dennoch weiter: Er würde gern nach Deutschland kommen, und er könne mich ja demnächst in seinem Urlaub besuchen und mit mir einen Kaffee trinken.

Ich fürchtete schon, dass er mich auch gleich wissen lassen könnte, wie er denn diesen Kaffee gerne hätte – schwarz oder mit Milch oder Zucker. Nein, er fügte nur hinzu, dass er gern spazieren ginge.

Gut, sein Deutsch war vielleicht etwas gewöhnungsbedürftig, wenn er schrieb: «Ich meine, dass es nicht das Problem für den Verkehr mit der Hilfe E-Mail. Was du daran zu denken? Mich ich fast den ganzen Tag auf der Arbeit… Und wir könnten uns hinter der Tasse des Kaffees treffen!» Aber mal ehrlich, mein Russisch wäre mit Sicherheit keinen Deut besser gewesen, wenn ich dasselbe Internetübersetzungsprogramm benutzt hätte.

Dennoch musste ich diesem freundlichen Mann leider absagen und ihn sicher enttäuschen. Ich kam mir dabei ein wenig schäbig vor, weil ich seiner Freundlichkeit gegenüber so wenig hilfsbereit war.

Wo er doch so offen und ehrlich gewesen ist. Da war nun schon einmal jemand so echt interessiert an mir, und anstatt mich geehrt zu fühlen, habe ich ihn abgeblockt. Ich fühlte mich schlecht.

Gut – ganz offen und ehrlich gesagt – nicht sehr lange. Spätestens zu dem Zeitpunkt nicht mehr, als mich die Mail eines Kriminalkommissars aus Biysk in Russland erreichte – haben die da überhaupt so einen Titel? Na, egal. Man hätte einen gewissen Nikolaj (ich lasse den Nachnamen mal weg) verhaftet, den ich zur Homosexualität angestiftet und verführt hätte. Und das sei ja in Russland strafbar. Man sehe sich gezwungen, jetzt Europol einzuschalten, aber ich könne das noch aufhalten, wenn ich mich freiwillig melde. Ein Überweisungsformular lag nicht bei.

Also dass das Lesen von Mails bereits zur Homosexualität anstiften könnte, das war mir ehrlich gesagt neu. Und es hat mich auch gleichermaßen beunruhigt, denn was, wenn der russische Kommissar diese Mail auch gelesen hat? Der arme Mann, er müsste sich ja nun aufgrund dieser Nebenwirkungen selbst verhaften. Nein, das wollte ich natürlich in keinem Fall riskieren, und deshalb habe ich die Mail einfach gelöscht, zumal sie merkwürdigerweise keine russische Absender-Kennung und auch keinerlei Signatur oder Briefkopf hatte.

Manchmal frage ich mich, für wie blöd uns solche Freizeit-Hacker wohl halten.

Deshalb mein Tipp:

Lassen Sie sich nicht verrückt machen. Drucken Sie sich die skurrilsten Angebote aus, für einen Partygag oder einen Artikel reichen die allemal. Und danach – einfach löschen. Und nicht darüber ärgern, dass es Menschen gibt, die uns tatsächlich auf so simple Art für dumm verkaufen wollen, sondern einfach darüber lachen!

Und die nächste Spam gleich mit in den Papierkorb schicken.

Glaubensfragen

Keine Sorge, das wird kein Text über Religion – in so vermintes Gelände wage ich mich nicht vor, nachdem ein türkischer Staatspräsident wegen der Einzeltat eines irregeleiteten Skandinaviers das gesamte transatlantische Verteidigungsbündnis in Sippenhaft genommen hat. Nein, ich meine, dass man heute nicht mehr von Meinungen redet, sondern Äußerungen zu Glaubensfragen macht. Fleischesser gegen Vegetarier, Impfbefürworter gegen Impfgegner – das sind keine Standpunkte mehr, sondern Glaubensinhalte. Und analog werden sie bekämpft.

Das Zeitalter der Religionskriege ist glücklicherweise vorbei, offensichtlich brauchen wir nun dafür Ersatz. Wie schon Kurt Tucholsky den Menschen charakterisierte: «Jeder Klumpen hasst die anderen Klumpen, weil sie die anderen sind, und hasst die eigenen, weil sie die eigenen sind.»[1] Ohne das geht es nicht.

Geht es wirklich nicht?

Im Mittelalter wurden Menschen auf den Marktplätzen an ein Holzgerät geschnallt, den sogenannten Pranger. Heute steht ein solcher Pranger in Form eines Computers in nahezu jedem Haushalt, und im Internet muss niemand mehr festgeschnallt werden. Auch wenn das nicht jeder schnallt.

---

1 Kurt Tucholsky: Der Mensch. In: *Die Weltbühne*, 16. Juni 1931, Nr. 24, S. 890

Wir Menschen sind soziale Wesen, auch wenn die asozialen Netzwerke das manchmal vergessen lassen. Viele regen sich über das Mobbing von Jugendlichen im Internet zu Recht auf, um dann im Netz ihrerseits munter zu mobben. Anonym und ohne die Verantwortung für manche hässliche Äußerung zu übernehmen. Da haben Politikerinnen und Politiker beispielsweise viel auszuhalten – und nicht nur die. Nur gehen die eben damit auch in die Öffentlichkeit, wie viele Menschen darunter leiden, weil sie aus falscher Scham nicht darüber reden – das wissen wir nicht. Dabei sollten sich die Mobber schämen!

Es stimmt, wir leben in einer Zeit mit sehr grundsätzlichen Fragen. Klimawandel, demografischer Wandel, Ressourcenmangel – all das muss jede und jeden von uns beschäftigen. Und jede und jeder muss und soll eine Meinung dazu haben und diese frei äußern dürfen. Aber zu dieser Freiheit gehört eben auch, die Meinung anderer anzuhören und zu respektieren, selbst wenn sie der eigenen zuwiderläuft. Eigentlich eine Binsenweisheit, aber so funktioniert soziales Miteinander. Und nur so.

Ich beklage auch in anderem Zusammenhang, dass wir jeden Tag so vielen Botschaften ausgesetzt sind, dass sich offensichtlich nur noch die lautesten durchsetzen. Was wiederum dazu führt, dass alle laut werden und sich darin gegenseitig hochpuschen. Das gelingt am besten durch Emotionalisierung, was meist das Gegenteil von rationaler Auseinandersetzung ist. Und schon ist die Erregungsspirale in Gang gesetzt.

Natürlich tragen dazu auch die uns tagtäglich begleitenden Medien bei, das sage ich durchaus selbstkritisch, denn schließlich habe ich mehrere Jahrzehnte für diese Medien gearbeitet. Aber auch wenn diese Medien uns informieren und unterhalten sollen – sie sind doch nicht dazu da, uns das Denken abzunehmen. Wie schon bei Loriot zu sehen: «Ich lasse mir nicht von einem kaputten Fernseher vorschreiben, wo ich hinschauen soll!» – Der Satz gilt übrigens auch, wenn das Gerät funktioniert.

Man muss sich jetzt nicht an diesem Buch festkleben, und Kartoffelpüree verschönert den Umschlag auch nicht wirklich, ich glaube auch nicht, dass Sie, liebe Leserinnen und Leser, die «letzte Generation» sind. Zumindest nicht, solange wir einander zuhören und nicht voreinander die Ohren verschließen. Wir Menschen halten uns zugute, dass wir – im Gegensatz zur Tierwelt – denken können, bewusst planen und nicht nur nach Gefühl leben.

Klar, Erregung ist auch ein Gefühl, es puscht den Kreislauf hoch und bringt das Blut in Wallung. Aber das tut Sport auch. Nehmen wir Erregung also sportlich. Und was haben wir beim Sport schon sehr früh gelernt? Man muss auch mal verlieren können – Fair Play, das erwarten wir von anderen. Natürlich. Und die dürfen es auch von uns erwarten.

Und wenn es wieder zu einer Glaubensfrage kommt, wie wäre es dann mit folgendem Satz: «Ich glaube, ich muss über deine Argumente mal nachdenken.»

Denn immer aufregen ist wirklich keine Lösung!

Stille Nacht?

Woran erkennt man, dass die Weihnachtszeit naht?

- An den Süßigkeiten im Supermarkt? Nein, die liegen da schon seit Ende August.
- An den Weihnachtsmärkten? Die machen auch immer früher auf und ähneln immer mehr normalen Wochenmärkten, was das Sortiment angeht.
- Am Glühweinduft? Wo denn? Bei den frühlingshaften Temperaturen sind doch Cocktails viel angesagter.

Nein, es gibt ein ganz untrügliches Zeichen, das mich auch dies Jahr wieder darauf aufmerksam machte, dass die stille Zeit unaufhaltsam naht. Ich bekomme Post. Von den SOS-Kinderdörfern, den Johannitern, dem ASB, dem DRK, der Christoffel-Blindenmission, der UNO-Flüchtlingshilfe und den fuß- und mundmalenden Künstlern. Und so weiter und so weiter. Mit beiliegenden Postkarten, weihnachtlichen Anhängern und sonstigen Dingen, die kein Mensch braucht.

Ach ja, und natürlich mit einem Überweisungsträger.

Funktioniert das wirklich, die Schwemme? Gut, bei mir nicht. Ich spende sowieso das Jahr über, da brauche ich Weihnachten nicht. Angesichts zunehmender Hektik erscheint mir dieses Ritual völlig aus der Zeit gefallen. Oder werde ich jetzt doch alt?

Und es gibt noch etwas, woran man die Vorweihnachtszeit erkennt. In die Kinos kommt ein neuer Zeichentrickfilm aus dem Hause Disney, bei Super RTL läuft eine Weihnachtsschmonzette nach der anderen, im Stil von «Santa Clause», Folge 1 bis 120, und die Theater spielen ein Weihnachtsmärchen.

Und im Radio laufen «Last Christmas» und «Rudolph the Red-Nosed Reindeer» in Dauerschleife. Es ist zum Ausschalten.

Und dabei fällt mir eine ganz und gar nicht märchenhafte Begebenheit ein, in der ich mich echt blamiert und hinterher furchtbar über meine eigene Dusseligkeit aufgeregt habe. Und diese Geschichte hatte auch mit einem Rentier zu tun.

Ich weiß ja nicht, wie Sie dieses Wort interpretiert haben, aber der «Rentier» als Bezieher von Altersruhegeld ist hier nicht gemeint, obwohl ich das ja auch bin. Nein, ich möchte Ihnen vom Beginn einer hoffnungsvollen Karriere erzählen, die beinahe endete, bevor sie richtig begann. Und da spielt eben ein «Ren-Tier» eine nicht unwesentliche Rolle.

Aber von Beginn an:

Mein sechs Jahre älterer Bruder hatte über das Schultheater Bekanntschaft mit einer Hamburger Choreografin gemacht, die seit vielen Jahren das Weihnachtsmärchen für die Hamburger Kammerspiele betreute, ein Privattheater unter der Leitung der damals sehr bekannten Schauspielerin Ida Ehre. Und offensichtlich hatte er Eindruck auf diese Ballettschaffende gemacht, denn sie hatte ihn gefragt, ob er in ihrem nächsten Märchen mit dabei sein wollte. Ich war zu dem Zeitpunkt noch zu jung, allerdings auch schon vom Theatervirus erfasst.

Eines Tages, ich war gerade 15 Jahre alt, rief diese Dame nun bei uns zu Hause an, um meinen Bruder zu sprechen und mit ihm über das neue Weihnachtsmärchen zu reden. Ich ging zufällig ans Telefon, und wir plauderten ein wenig. Schließlich fragte sie mich, ob ich eventuell auch Lust hätte, im nächsten Märchen mitzuspielen.

So etwas musste man mich nicht fragen. Dasselbe machen wie der große Bruder? NATÜRLICH hatte ich Lust. Ich hatte auch schon etliche Rollen im Schultheater gespielt, aber so richtig auf der Theaterbühne ... Und so geschah es. Mein Debüt auf der großen, na ja, mittelgroßen Bühne hatte ich im Märchen «Die Schneekönigin» nach Hans Christian Andersen.

Ob ich stolz war? Mega! Und ich hatte darin mehrere sehr verantwortungsvolle Rollen: Ich war Nebelgeist, Schneemann, Viertel-Nussschale und Rentier-Hinterteil. Ja, das Rentier waren zwei Jungs mit Decke drüber und einem Pappmaché-Kopf vorneweg. Aber für einen Vierbeiner brauchte man nun mal einen zweiten Jungen – und der war ich! Und da das Rentier unglaublich wichtig war, weil es Gerda, die Schwester des von der bösen Schneekönigin gefangen gehaltenen Jungen Kai, hoch in den Norden trug, um ihren Bruder zu retten, fühlte auch ich mich wichtig.

Natürlich spielte mein Bruder auch wieder mit, nicht als böse Königin, sondern er gab die Hexe. Sie könnten jetzt einwenden, dass es in der «Schneekönigin» gar keine Hexe gäbe. Ja, das stimmt, aber mein Bruder hatte sich im Laufe der Jahre als so erfolgreiche Bühnen-Hexe erwiesen, dass seinetwegen inzwischen in jedes Weihnachtsmärchen eine Hexe hineingeschrieben wurde. So auch hier. Er spielt übrigens immer noch gern Theater, auch wenn leider in den letzten Jahren keine Hexenrolle mehr dazukam.

Die Premiere kam, und wir spielten eine Reihe von Vorstellungen in den Kammerspielen, meist am Wochenende, was ja für mich neben der Schule gut ging. Mein Bruder war inzwischen mit der Schule durch und studierte, da war es natürlich für ihn noch leichter. Ich war selig und fand, glaube ich, irgendwie alles aufregend. Zumal es auch noch Gastspiele gab, bei denen wir «Schauspieler» unglaublich verwöhnt wurden. Wir spielten im feinen Hotel Atlantic für die Mitarbeiterinnen und Mitarbeiter und in Travemünde für die Casino-Angestellten.

Und wir spielten im damals noch existierenden Theater am Besenbinderhof, im Haus des Deutschen Gewerkschaftsbundes DGB. Es gab drei Vorstellungen für die Gewerkschaftsmitglieder.

Und - werden Sie fragen - was ist denn nun mit dem Thema? - Geduld! Bin schon da. Das Theater am Besenbinderhof hatte eine ausreichend große Bühne, auf der später sogar das Musical «Hair» in deutscher Erstaufführung gespielt wurde. Es hatte nur ein Manko - die Auftrittstüren waren normale Türöffnungen. Ausreichend für Menschen durchaus, aber nicht für das ausladende Geweih eines Rentieres.

Also wurde kurzerhand uminszeniert. Gerda und das Rentier kamen aus den Garderoben über den Seitengang durch den Zuschauerraum, dann über eine Treppe auf die Bühne. Dort spielte die rührende Abschiedsszene, und dann trabte das Rentier denselben Weg an der Seite zurück. Kein Problem, das war gut machbar – ich musste ja nur hinterherlaufen.

Nun wollte es das Schicksal, dass bei der dritten Vorstellung mein Vorderteil krank wurde. Und die naheliegende Lösung war, dass ich aufrückte, denn «Du kennst ja die Szene». Klar, kenne ich! Gesagt, getan. Ich war unheimlich stolz, Rentier-Vorderteil zu sein und bekam ein mir unbekanntes Hinterteil zugeordnet.

Aber ich gestehe: Ich habe mich damals nicht getraut zuzugeben, dass ich mit meinen 15 Jahren noch ein wenig zu klein war, um wirklich gut durch den Pappmaché-Kopf sehen zu können. Egal, dachte ich mir, du weißt ja, wie es geht. Und tatsächlich – es ging.

Gerda führte mich über den Seitengang durch den Saal, die helle Bühne konnte ich durch den Kopf gut erkennen, und die Treppe hinauf wurde ich ja geführt. Und bravourös spielte ich die Szene, als wäre ich immer schon Vorderteil gewesen. Und mein Hinterteil folgte mir.

Das Drama nahm allerdings seinen Lauf, als Gerda mich zur Treppe brachte und sich verabschiedete. Das Publikum spürte nun, wie sich das Rentier langsam und vorsichtig die Treppe hinuntertastete, aber das war ja auch verständlich – welches Rentier steigt schon gern Treppen.

Dann allerdings sah das staunende Publikum, wie sich das Rentier den Seitengang entlang durch den dunklen Saal bewegte. Es konnte ja nicht wissen, dass ich nun im Dunkeln durch den zu großen Kopf so gut wie gar nichts mehr sehen konnte. Und es wunderte sich auch sicher, warum das Rentier immer wieder gegen die Wand lief, man vermutete: wahrscheinlich blind vor Abschiedsschmerz. Nein, ich war einfach blind wie ein Maulwurf – und konnte dummerweise die Ausgangstür nicht finden.

Plötzlich hörte ich die liebliche Stimme meines Bruders zischen: «Hierher, du ...» (ich lasse das dazugehörige Schimpfwort weg, falls Kinder mitlesen). Und dann sah das staunende Publikum, wie plötzlich die Hexe von der Seite ohne Besen herangeschossen kam, das Rentier beim Geweih packte und aus dem Saal zog. Szenenapplaus!

Und was lernt man nun daraus? – Klar muss man nicht jede Schwäche sofort laut eingestehen, aber wenn deren Folgen entscheidend sein können, hilft Offenheit allemal. Und niemand nimmt es dir übel – im anderen Falle sehr wohl. Ich habe mich hinterher richtig über mich selbst geärgert.

Und war nie wieder Vorderteil.

Und jetzt verstehen Sie sicher auch, warum ich bei «Rudolph» immer ausschalte.

Übrigens gibt es noch etwas, woran man die Weihnachtszeit erkennt. Es gibt überall Weihnachtsfeiern mit zu viel Alkohol und ganz viele Weihnachtsshows mit zu viel un-weihnachtlicher Musik, meist in großen Hallen. Eine solche Show habe ich miterlebt und möchte dies Erlebnis, denn das war es wirklich, gern mit Ihnen teilen. Aber bitte nicht aufregen, das lohnt nicht. Habe ich auch nicht getan.

Ein Wochentag im Dezember in einer deutschen Großstadt. Es ist kalt, die Luft riecht nach Schnee, aber noch regnet es leise vor sich hin. In dieser Stadt befindet sich – nicht allzu weit vom Zentrum entfernt – eine große Mehrzweckhalle, in der mehrere dieser Weihnachtsshows stattfinden werden. Jede Show ist mit etwa 5000 Besuchern ausverkauft.

Ich war am Vortag schon angereist und habe in einem Hotel erschreckend schlecht geschlafen. So unausgeschlafen fühle ich mich nicht nur, ich sehe auch genauso aus. Die Nacht war eindeutig zu kurz, und um mich irgendwie abzulenken, habe ich die letzte Ausgabe des SPIEGEL gelesen. Ich kannte die zwar schon, aber nun kenne ich sie auswendig. Gut, dass ich so schnell wieder vergesse, sonst müsste ich mich aufregen und bekäme noch schlechte Laune.

Aber irgendwann wird es dann doch Zeit für die Show. Das Publikum im Saal wurde mit alten deutschen Weihnachtsliedern beschallt – «Jingle Bells», «Do They Know It's Christmas» und so weiter. Nur das alte Volkslied «Last Christmas» fehlt noch. Und dann ging es los!

Der Moderator begrüßte uns mit seinen getesteten Gags, die alle zündeten, machte seine Späße und kündigte das Weihnachtslied «Leise rieselt der Schnee» als deutsche Fassung von «Highway to Hell» an – sofort hob sich bei allen die Laune –, und er verschaffte den Künstlern verbal einen roten Teppich. Als dem Publikum klar wurde, dass der erste Gast ein bekannter Star sein würde, ging ein fröhliches Raunen durch das Auditorium. Der Auftritt über eine sehr steile Treppe gelang fehlerlos, er war rechtzeitig und passend vor seinem Playbackgesangseinsatz am Mikrofon, und er wusste, dass er sich auf die Wirkung seiner Nummern verlassen konnte. Ich ahnte schon – sicher würde gleich mitgeklatscht werden. Aber nix da! Kein rhythmisches Klatschen. Irritiert sah ich um mich herum ins Publikum und stellte fest, dass alle so leuchtende Wink-Elemente hatten, die sie schwenkten. Ja klar, man kann nicht ein Wink-Element schwenken und gleichzeitig klatschen – dazu fehlt dann eine Hand. Das sieht zwar schön aus, aber irgendwie kommt da wenig Partystimmung auf.

Aber egal, es folgte Hit auf Hit, es wurde gewunken und mitgesungen, und da schien es so, als ob dem Publikum Weihnachten gerad ziemlich egal wäre und sie in dieser Halle eigentlich nur eine Party feiern wollten.

iIrgendwann musste dann doch auf die Bremse getreten werden, denn schließlich war das ja ein Weihnachtskonzert. Also stimmte ein Sänger eine Fassung des alten, traditionellen deutschen Liedes «White Christmas» an, dazu kam das Ballett in winterlichen Kostümen auf die Bühne. Ich hatte keine Ahnung, was die da tanzten, aber es sah echt gut aus und verfehlte seine Wirkung auf das Publikum nicht. Und als auch noch «Jingle Bells» erklang, ließen alle Zuschauer die Wink-Elemente liegen und klatschten mit – ganz ohne jede Aufforderung.

Und so ging es weiter – Schlag auf Schlager. Jede und jeder hatte exakt zwanzig Minuten Auftrittsdauer, dann musste sie oder er runter von der Bühne, und danach hieß es für alle warten bis zum anfangs probierten Finale. Warten im Hühnerstall. Über zwei Stunden. Ich feierte mit, klatschte mit, winkte und sang – da ließ ich mich nicht lumpen. Wäre sicher sogar ganz schön gewesen, wenn ich nur nicht so müde gewesen wäre. Nun ja, es ist ja bald Weihnachten! Also weitersingen, weiterklatschen und von «White Christmas» träumen.

Und nicht aufregen, wenn es dann doch wieder nur eine grüne und nasse Weihnacht wird.

Ach ja – an dem Abend fehlte das Lied von Rudolph dem Rentier. Puh, Glück gehabt. Wurde dann noch ein schönes Weihnachtsfest!

Öde Servicewüste

Wenn man einigen Journalisten glauben darf, dann wandelt sich Deutschland immer mehr von einer Produktionsgesellschaft zu einer Dienstleistungsgesellschaft. Andererseits sind Service und Dienstleistung nicht gerade die Spezialgebiete vieler unserer Landsleute und bieten in Leserbriefen und Online-Foren oft genug Anlass für teils heftige Aufregung.

Bei einer Befragung des Unternehmens YouGov im Jahr 2015 sahen 71 Prozent der Befragten Deutschland (eher) als Servicewüste. Ein ernüchterndes Ergebnis, das seinen Grund in zu langen Warteschleifen, unfreundlichem oder fachlich schlechtem Personal und kaum Hilfestellungen für die Kunden hatte. Und wer mal im Baumarkt herumgeirrt ist oder versucht hat, seinen Telefonanbieter zu erreichen, der kann das sicher nachvollziehen.

Bei Unternehmen, die den Kundenservice nur unzureichend erfüllen, fühlen sich die Kunden nicht als «König», sondern als Bittsteller. Dafür fand der Management-Professor Hermann Simon 1995 in einem Artikel im SPIEGEL den Begriff «Servicewüste Deutschland». Seine Begründung für diesen Notstand? «Angesichts hoher Lohnkosten können wir uns Dienstleistungen immer weniger leisten.» Zu finden in dem genannten Artikel.

Und wenn man neueren Befragungen glauben darf, hat

sich daran wenig geändert. Ich selbst habe neulich versucht, bei Vodafone einen Störfall zu melden. Zwar kam ich sofort beim automatischen Anrufbeantworter durch, aber anstatt mein Anliegen loswerden zu können, begann Vodafone ein Quiz mit mir. Ich musste Fragen beantworten und zur Antwort Nummern drücken. Und der Preis sollte dann ein Gespräch mit einem echten Menschen sein.

Sie ahnen es – ich habe nicht gewonnen. Nach der zehnten Frage hatte ich die Faxen dicke und habe aufgelegt. Gut, das erledigte ja zunächst mal nicht mein Problem, aber mir ging es schlagartig besser. Am Folgetag habe ich es dann erneut versucht und durchgehalten. Und das wurde schließlich belohnt, auch wenn «alle Plätze leider belegt» waren. Gut, dass mich danach keiner von einem Meinungsforschungsinstitut angerufen hat.

Anderes Beispiel.

Ein Freund von mir bat mich darum, eine VHS-Videokassette digitalisieren zu lassen und auf eine DVD zu kopieren. Eigentlich besitze ich ein Gerät, das genau das kann, aber natürlich war es zu dem Zeitpunkt mal wieder defekt. Also fand ich über das Internet heraus (ich habe ja Zeit), dass ein bekannter Medienfachmarkt, benannt nach einem Planeten, diese Dienstleistung anbot. Ich gab also meine Videokassette dort ab, und man versprach mir, sich binnen zwei Wochen per Mail bei mir zu melden. Und dann geschah erst einmal nichts.

Nach drei Wochen ging ich wieder hin, und die freundliche Mitarbeiterin schaute überall nach, musste aber

Fehlanzeige vermelden. «Bestimmt nächste Woche.» Ich will jetzt hier nicht Zeilen schinden und Sie, liebe Leserin, lieber Leser, liebe Mitleidende, damit langweilen, dass sich dieses Spiel weitere drei Wochen vergeblich wiederholte.

Danach allerdings hatte ich die Faxen dicke, und um mich nicht aufzuregen, bat ich darum, den Geschäftsleiter sprechen zu dürfen. Ich durfte und schilderte ihm mein Problem. Und tatsächlich, er versprach, sich zu kümmern. Das Wunder allerdings war, dass er es nicht nur versprach, sondern auch tat. Wenige Stunden später rief er mich an und berichtete, dass sich die Videokassette bei einem externen Dienstleister (man muss sich dies Wort immer wieder auf der Zunge zergehen lassen) aufgefunden hätte. Angeblich sei der Auftrag falsch ausgefüllt worden.

Warum man dann allerdings nicht einfach mal in der Filiale anrief, sondern den Auftrag schlicht liegen ließ, das konnte er mir auch nicht beantworten. Aber nun solle alles ganz schnell gehen.

Meine wöchentlichen, aber fruchtlosen Besuche gingen weiter, irgendwann feierte ich das zehnwöchige Besuchsjubiläum. Und gerade als ich mich erneut aufregen wollte, weil inzwischen drei volle Monate vergangen waren, da präsentierte man mir freudestrahlend DVD und Kassette. Es war geschafft. Ein Film von 45 Minuten konnte tatsächlich innerhalb von drei Monaten digitalisiert werden! Sensationell! Da wird einem um die Zukunft bange. Äh, NICHT bange, wollte ich natürlich sagen.

Drei Monate – oder wie das Kölner Ordnungsamt in einem später noch zu schildernden Fall sagen würde – unverzüglich!

Aber wo ich gerade über Institutionen rede ...

Ein seit über hundert Jahren existierendes Dienstleistungsunternehmen ist die «Gesellschaft für musikalische Aufführungsrechte», kurz GEMA. Sie dient sozusagen als Inkasso-Gesellschaft für Urheber von Musik, also für Komponisten, Textdichter und deren Verlage. Eigentlich eine super Sache, sollte man meinen, dennoch hat die GEMA hierzulande ein echt mieses Image.

Um der Wahrheit die Ehre zu geben, ich selber bin GEMA-Mitglied in der Berufsgruppe der Autoren, wundern Sie sich also nicht, dass ich nicht in ein GEMA-Bashing mit einstimmen werde. Aber natürlich kann ich nachvollziehen, dass ein Unternehmen, das dafür sorgen muss, dass andere Menschen für etwas bezahlen, immer schief angesehen wird. Die frühere GEZ kann ein Lied davon singen.

In den alten analogen Zeiten war das einfacher, da schloss die GEMA Vereinbarungen mit Sendern, Plattenfirmen und Verlagen. Das Internet veränderte alles, denn nun wurden ja die User selbst zu Produzenten, zum Beispiel bei YouTube, und plötzlich wurden ganz viele Einzelpersonen zur Kasse gebeten. Und die GEMA bekam den Ruf eines Raffkes, obwohl sie ja eigentlich nichts weiter tat, als die Rechte der Kreativen zu vertreten.

Warum ich das alles erzähle? Nun, ich bin in meiner Freizeit Mitglied einer kleinen, aber feinen A-cappella-

Gruppe, und wir hatten neulich die Idee, eine Webseite für unseren Chor zu erstellen. Schauen Sie mal rein, www.frittenchor-koeln.info. Und auf der Webseite wollten wir zwei oder drei Videos integrieren, und als GEMA-Mitglied habe ich es brav übernommen, die Konditionen mit dieser Gesellschaft zu klären – ich wollte also sicherstellen, dass die GEMA ihrer Serviceaufgabe auch bei uns nachkommen könnte.

Was macht man als digital erfahrener Mensch? Man sucht die Webseite des Unternehmens auf und versucht herauszufinden, wie vorzugehen wäre.

Und tatsächlich, da gab es online etliche vorformulierte Fragen und Antworten zu diesem Thema. Lobenswert, dachte ich bei mir – allerdings passte nichts von den Antworten genau auf meine beziehungsweise unsere spezifischen Fragen. Es gab viele unterschiedliche Vertragsformulare mit kryptischen Bezeichnungen wie VOD-4 oder VOD-10, aber welches war nun das richtige?

Also doch wieder ran ans gute alte Telefon und die Servicehotline der GEMA-Zentrale in Berlin angerufen. Ich kam erstaunlich schnell durch, und die sehr freundliche Kollegin am anderen Ende der Leitung teilte mir bedauernd mit, dass ich bei ihr falsch sei, denn für «Online» sei München zuständig. Aber sie könne mir die Nummer geben. Was sie dann auch tat.

Ich rief also die Münchener Nummer an, nur um im Lautsprecher zu hören, dass diese Nummer nicht vergeben sei. Eine weitere Recherche im Internet machte mir klar, dass München inzwischen eine etwas andere Nummer hatte, sie war online sogar fett gedruckt, damit man die Änderung bemerken konnte. Gut, woher soll man das in Berlin auch wissen, man kann ja nicht jeden Tag online sein.

Der erneute Versuch mit der jetzt richtigen Nummer verband mich erneut mit einer sehr freundlichen Kollegin. Auch sie bedauerte, nicht zuständig zu sein, aber da ich ja Mitglied sei, gäbe es eine spezielle Münchener Servicenummer für Mitglieder, dort könne man mir sicher helfen. Ich erinnerte mich, dass der Buchbinder Wanninger bei Karl Valentin doch auch Münchener war …

Dennoch wählte ich mich dort ein, und wieder wurde ich freudig und freundlich begrüßt. Nachdem ich mein Anliegen geschildert hatte, bedauerte man sehr, mir nicht helfen zu können, aber da sei Berlin zuständig, und man gab mir erneut jene Nummer, mit der meine telefonische Rundreise durchs deutsche Servicecenter begonnen hatte.

Nur so aus Spaß rief ich noch mal in Berlin an, wo mich diesmal eine andere junge Dame wissen ließ, dass München für «Online» …

Wir haben daraufhin im Chor völlig unaufgeregt beschlossen, nur noch GEMA-freie Musik auf unserer Webseite einzustellen. Was man ja immer noch ändern kann, wenn Deutschland wirklich mal eine Dienstleistungsgesellschaft werden sollte.

Wenn einer eine Reise tut ...

Wo Sie gerade sagen Servicewüste ... Ich habe im letzten Buch schon von meinen umfangreichen Erfahrungen mit dem Unternehmen Eurowings berichtet, und diese Firma ist auch diesmal wieder für Überraschungen gut gewesen. Und das kam so:

Ein sehr guter Freund und ehemaliger Kollege schickte mir die Einladung zu der Vernissage einer Fotoausstellung seiner Bilder in Berchtesgaden. Da ich seine Bilder kannte, sagte ich gerne zu, und das Reisebüro meines Vertrauens (kurz RmV) organisierte den Trip. Leider musste ich mich für «einen Tag hin, nächsten zurück» entscheiden und hatte keinen Spielraum. Da blieb nur ein Flug, und zwischen Köln und Salzburg verkehrt nur Eurowings. Zähneknirschend ließ ich buchen.

Eurowings ist eine Tochter der Lufthansa und zuständig für die Kurzstrecke. Und die Lufthansa, Sie erinnern sich sicher, wurde während der Pandemie mit mehreren Staats-Milliarden gestützt, die sie zwar brav zurückzahlte, aber wochenlang keinen regulären Flugverkehr zustande brachte.

Mein Hinflug verlief problemlos, ich lieh am Salzburger Flughafen ein Auto und fuhr die kurze Strecke nach Berchtesgaden entlang der Berge. Es war traumhaftes Wetter, die Sonne schien, die Landschaft war herrlich, und froh gestimmt kam ich an meinem Zielort an.

Der Abend lief wunderbar, die Eröffnung war gut besucht, es gab launige Reden, und mein Freund wurde ob seiner künstlerischen Fotos mit Lob überhäuft. Wir alle feierten ihn und anschließend auch uns alle in einem sehr netten Lokal, in dem ein schöner Tag dann seinen Abschluss fand.

Und, werden Sie sagen, warum erzählst du das? Da gibt es doch keinen Grund, sich aufzuregen! - Nun, Sie kennen mich - der Grund kommt. Und er heißt Eurowings.

Gegen Mitternacht kam ich ins Hotel, stellte den Wecker meines Schmahtfohns, um rechtzeitig aufzustehen und pünktlich um 10 Uhr wieder am Salzburger Flughafen zu sein.

Um 4 Uhr 20 wachte ich auf und hörte ein Summen. Es kam vom Schmahtfohn. Eine SMS. Von Eurowings. «We have to inform you that your flight to Cologne has been canceled.» Sonst nix. Nicht einmal der Anflug eines geheuchelten Bedauerns. Und nur in Englisch. Und nur auf dem Smartphone. Was wohl Menschen machen, die kein Schmahtfohn haben und von einer deutschen Airline die Landessprache erwarten?

Ich konnte nicht mehr schlafen. Wie um alles in der Welt sollte ich nach Hause kommen? Ich hatte einen Leihwagen mit österreichischem Kennzeichen. Wenn ich den in Köln abgab, zahlte ich ordentlich drauf, weil der ja nach Austria zurückgebracht werden musste. So viel zum Thema «Gemeinsamer Markt». Ganz abgesehen davon, dass das eine ordentliche Strecke war mit dem Auto, wenn man am Vorabend nett gefeiert hatte.

Sämtliche Alternativen gingen mir durch den Kopf, und irgendwie schlief ich dann doch noch wieder etwas ein. Bis zum Weckerklingeln! Dann sofort mein RmV angerufen und die Sachlage geschildert. «Hör mir auf», sagte mein Freund im Reisebüro. «Die ganzen Tage habe ich schon mit Eurowings-Absagen zu kämpfen.»

Wir diskutierten meine in der Nacht ersonnenen Alternativen. «Flug ab München fällt flach», hörte ich mit sinkender Zuversicht. «Erstens hast du das Problem mit dem österreichischen Auto, und zweitens hat Eurowings alle Flüge ab München gecancelt. Aber es gibt noch eine Mittags- und eine Abendmaschine ab Salzburg, ich buche dich mal da drauf.»

Heißa! Gelobet sei mein RmV!

Also fuhr ich zurück nach Salzburg, irgendwie hatten die Berge ihren Reiz verloren. Ich gab das Auto ab und suchte mir einen Platz mit unverbaubarem Blick auf die Anzeigetafel. Da stand es – Abflug 14.20 Uhr Köln-Bonn! Ich traute mich nicht zu blinzeln. Kurze Rückversicherung am Schalter, dass ich auch wirklich dort eingecheckt war. Ja, es stimmte. Der Tag war gerettet.

Bis kurz nach 13 Uhr. Da verschwand der Flug wie von Zauberhand von der Anzeigetafel. Und die Abendmaschine auch. Und nach und nach auch alle anderen Flüge. Salzburg wurde zur flugfreien Zone! Und tatsächlich – per Lautsprecher kam die Auskunft, dass für diesen Tag alle Flüge ausfielen.

Ich traute mich kaum, noch mal beim RmV anzurufen, aber was sollte ich machen. Blieb als letzte Alternative die Bahn. Und während man im Reisebüro eifrig nach Zugverbindungen suchte, suchte ich ein Taxi zum Hauptbahnhof. - Können Sie sich vorstellen, was passiert, wenn an einem Flughafen alle Flüge abgesagt werden? Richtig! Ein Ansturm auf Taxis. Dort wurde um freie Plätze regelrecht gekämpft!

Ich einigte mich mit einem Mitreisenden auf Taxi- und Kostenteilung, und wir verließen den ungastlichen Airport. Auf dem Weg teilte mir mein RmV mit, dass er für mich ein Intercity-Ticket organisiert hätte - oh ja, er hat nicht umsonst mein Vertrauen! Ich solle nur am Salzburger Bahnhof nach einem Fahrkartenautomaten der Deutschen Bahn schauen und dort einen Zahlencode eingeben, den man mir mit einer SMS zusenden würde. Ich liebe die Technik! - Also ... manchmal.

Wir kamen am Bahnhof an, riesige Schlangen am Reisezentrum, aber ich musste ja nur einen der beiden DB-Automaten finden. Und tatsächlich - da standen sie. Und niemand davor. Ich drückte die Taste «vorbestellte Fahrkarten», rief die SMS auf und gab den achtstelligen Zahlencode ein. Und dann ... passierte nichts. Hatte ich mich vertippt? Erneute Eingabe. Mit gleichem Ergebnis. Ich rief beim RmV an, wir verglichen die Ziffern vom Code - sie stimmten.

Unerbittlich rückten die Zeiger der Uhr vor, ich hatte ja eine Karte mit Zugbindung, musste also genau diesen Intercity bekommen. Also zum Reisezentrum, vor dem die Schlange unwesentlich abgenommen hatte. Ich bat freundlich um eine Abkürzung, unter Hinweis auf mein

Dilemma, und die Menschen waren tatsächlich so nett und ließen mich vor. Wahrscheinlich wirkte ich aufgeregt genug.

Am Schalter erfuhr ich nun, dass ich für den Abruf der Fahrkarte einen Code aus sechzehn Ziffern benötigte, ich hatte aber nur acht. Also wieder Anruf beim RmV, was mir schon langsam peinlich war. «Ich brauche sechzehn Ziffern.» – «Wir haben aber nur acht bekommen.» Ich zum Schalterbeamten: «Sie haben nur acht bekommen.» – «Sie brauchen aber sechzehn!» Ich gab den Hörer weiter.

Dieser Dialog setzte sich einige Zeit fort, bis wohl beiden die Ausweglosigkeit dieses Gespräches klar war. Manchmal trennt uns die Digitalisierung doch mehr, als sie uns verbindet.

War es nun Mitleid mit mir oder der Anblick der immer länger werdenden Schlange vor den Schaltern – der freundliche Beamte druckte mir eine Fahrkarte aus und vermerkte noch dazu die Aufhebung der Zugbindung, denn der vorgesehene Abfahrtszeitpunkt war soeben erreicht worden.

Allerdings wäre Letzteres gar nicht nötig gewesen, denn die Österreichische Staatsbahn ÖBB ist in Sachen Pünktlichkeit der Deutschen Bahn sehr ähnlich. Ich habe meinen Zug problemlos erreicht. Und nach über 14 Stunden endete auch mein Reisetag.

Übrigens hat mein RmV danach bei Eurowings eine Erstattung der Kosten für den gecancelten Flug beantragt. Muss ich erwähnen, dass jede Reaktion dazu unterblieb? Und dass ich mich darüber schließlich nicht einmal mehr aufregen konnte?

Jedenfalls hat mein RmV ab jetzt strikte Anweisung, NIE wieder einen Flug bei dieser «Never-come-back-Airline» zu buchen. Lieber verzichte ich auf die Reise und die damit verbundenen Aufregungen.

Neues vom Schmahtfohn

Bis vor Kurzem besaß ich ein Samsung S7 - jenes Telefon, das früher öfter mal explodierte. Derjenige, der wegen dieses Gerätes öfter explodierte, war ich. Aber nun kam die Zeit des Abschieds, wie sie für jedes elektronische Gerät irgendwann kommt - und meist schneller, als man glaubt. Ich habe ja den Verdacht, dass der Verschleißtermin immer bereits mit eingebaut wurde, und eigentlich könnte ich mich darüber aufregen, aber da ich das nicht beweisen kann, lasse ich es lieber.

Ich war also bei meinem Lieblingsanbieter im Telefonshop. Im Geschäft stand schon eine, wie ich schätzte, etwa gleichaltrige Dame, und ich wartete, bis ich an der Reihe war. Als die Frau ihr Telefon hervorholte, fragte sie der junge, äh also eher SEHR junge Verkäufer hinter der Theke: «Das ist ja antik, von wem haben Sie das denn geerbt?» Wenn ich ehrlich bin, duzte er seine Kundin, ich habe das jetzt nur aus Gründen der Höflichkeit, also MEINER Höflichkeit, etwas umformuliert.

«Na, das haben Sie mir verkauft, junger Mann», erwiderte die ältere Dame gelassen und benutzte dabei sehr bewusst die förmliche Anrede, das Wort «jung» leicht betonend - ich war geneigt, ihr zu applaudieren -, nicht, dass es etwas genutzt hätte. «Ach so, ja, ein gutes Gerät», kam es schmallippig hinter der Theke vor. Wobei das «schmallippig» nur eine Vermutung meinerseits ist, denn durch die

Maske konnte man das ja nicht sehen, es klang aber ein wenig gepresst.

Sie erläuterte also dem jugendlichen Telefonfachverkäufer, dass sie einerseits gern ihren Vertrag verlängern, andererseits ein neues Schmahtfohn gern ihr Eigen nennen würde. – «Was muss es denn können?», fragte er. – «Na, telefonieren», antwortete sie. «Ach ja, und SMS senden. Und wenn es eine gute Kamera hätte, wäre das zumindest nicht von Nachteil.» Klare Ansage – ein Sieg nach Punkten, fand ich. – «Soso. Größeres Display?» Sie schüttelte den Kopf. «Mehr Datenvolumen?» Sie schüttelte erneut und kam die nächste Zeit aus dem Schütteln gar nicht mehr heraus. Ich fürchtete schon um ihre Halswirbelsäule und bekam nur vom Zusehen selbst bereits Kopfschmerzen.

«Gut», meinte er mit leicht depressiv klingendem Unterton nach einem, wie ich es empfand, etwa halbstündigen Verhör. «Da hätte ich hier das XYZ – sehr gutes Gerät!» (Ich lasse den echten Namen aufgrund der Datenschutzgrundverordnung hier weg.) Ich wollte mich in gar keinem Fall einmischen, daher wies ich die beiden jetzt nicht auf die häufigen Staumeldungen im Verkehrsfunk hin, bei denen dies XYZ eine unrühmliche Rolle spielte, weil ich bereits ahnte, dass ich zumindest sein Humorzentrum mit einer solchen Bemerkung wohl kaum treffen würde. Die Dame erwiderte nur knapp: «Wenn Sie meinen ...» und akzeptierte seinen Vorschlag. Mir war das recht, denn ich wartete ja nun schon eine ganze, wenngleich sehr unterhaltsame Zeit.

«Hat alles, was Ihr altes Handy auch hatte, und ich kann Ihnen die Daten komplett rübersaugen.» Die Bilder, die sich aufgrund dieser Wortwahl in meinem Kopf auftürmten, möchte ich Ihnen ersparen – und der Dame erst recht. Aber sie erwiderte völlig ohne jeden Unterton, dass sie seinen Saugbemühungen durchaus positiv gegenüberstünde und in einer halben Stunde wieder vorbeikäme, um nach einem Lebenszeichen Ausschau zu halten – von ihm und ihrem neuen Schmahtfohn.

Die Verwirrung in seinem Blick war mir ein Fest – ihr offensichtlich auch, denn sie lächelte siegesgewiss und ging. Recht so – nicht ärgern lassen, sondern zurückärgern! Diese Dame hatte es absolut drauf!

Der Gerade-eben-Twen fragte nun mich nach meinem Begehr, und um ihm und mir eine weitere Vortragsreihe zu ersparen, bat ich ihn nur, mir zu zeigen, wo ich die Corona-Warn-App bekäme und mir zusätzlich ein Schreiben meines Mobilfunkanbieters zu erläutern, das in einer mir bis dahin unbekannten Mischung aus verschiedenen Sprachen abgefasst war, die entfernt an Deutsch und Englisch erinnerten. Er versuchte sicher sein Bestes, was in diesem Fall eindeutig nicht genug war, jedoch ich lächelte tapfer und nahm mir vor, das nächste Mal gleich meinen Neffen anzurufen.

Zu Hause machte ich mich sofort an eine Internetrecherche, denn ich war doch ZU neugierig, ob die Beratung des «Vor-Kurzem-noch-Teenagers» für die nette Dame im Shop wirklich korrekt war. Und siehe da, schnell stellte ich fest, dass deren neues Handy keineswegs all das konnte, was ihr versprochen worden war und ihr altes Gerät offensichtlich so draufhatte. Im Internet fand ich sogar für das XYZ die Bezeichnung «Mittelklasse-Handy». Mittelklasse! Eine Frechheit! Die Dame war absolute Oberklasse!

Aber dafür stellte ich fest, dass Mutter Google in unendlicher Großzügigkeit dieses Telefon mit einer Vielzahl absolut sinnloser Äpps ausgestattet hatte, die im Gegenzug sicher eine Menge Strom abzogen, ohne dass man erkennen konnte, wozu – außer zur Datenübermittlung an Dritte – diese sonst noch fähig wären.

Dafür war dies XYZ sehr viel leichter – und man muss ja auch das Positive sehen, denn immer ärgern … aber das wissen Sie ja. Und sicher würde sich die neue Besitzerin irgendwann an ihr Mittelklasse-Handy gewöhnen. Manchmal neige ich wirklich zu absolut grundlosem Optimismus. Aber zurück zum Grund meines eigentlichen Besuches im Telefonladen.

Erinnern Sie sich noch? Aufgrund von Corona hatten Restaurants und andere Lokalitäten zur Nachverfolgung für die Gesundheitsämter sogenannte QR-Codes eingeführt, jene schwarzen Quadrate, vor denen man immer steht und sich denkt: «Da ist dem Künstler aber auch gar nichts eingefallen», bis man bemerkt, dass es kein Bild, sondern ein Kommunikationsmittel ist. Man hält sein Schmahtfohn davor, und dann erkennt es die – nennen wir sie – Zeichen und kann einem sagen, wo man ist. Großartige Erfindung, woher soll man das sonst wissen?

Voller Stolz zückte ich einmal in einer solchen Situation mein Handy und richtete es auf den QR-Code, siegesgewiss lächelnd. Also kurzzeitig zumindest, bis ich merkte, dass sich nichts tat. Glücklicherweise wusste ich ohnehin, wo ich war. Und ich wurde sehr freundlich von einem jungen Mädchen, die meine Enkelin hätte sein können, wenn ich denn eine hätte, darauf hingewiesen, dass ich natürlich erst die dazugehörige Äpp runterladen müsse. Natürlich! Das hatte ich doch tatsächlich übersehen! Wie konnte mir zu früh geborenen Digital Native das nur passieren ...

Wo bekomme ich nun diese Äpp her? Sie haben die Wahl – Apple oder Google. Und in jedem Fall hinterher die Store-Äpp sofort wieder löschen und Ihr Telefon desinfizieren. Aber es gibt ja keinen Ausweg – also her mit dem Teufelszeug! – Und tatsächlich – es funktionierte.

Mein Handy konnte mir nun sagen, wo ich war, und da ich das ja ohnehin wusste, sah ich auch, dass es richtiglag. «Mensch, was bin ich doch für ein digitaler Fuchs», dachte ich so bei mir. Und zwar ein Fuchs mit einem QR-Code-Erkenner.

Und wie ich später feststellte, war das dann doch gar nicht sooo schlecht. Denn eines Tages gab es in meiner Umgebung einen Corona-Fall, und ich entschloss mich, ein Testzentrum aufzusuchen – Sie erinnern sich sicher an die schmucken Container, die plötzlich überall aus dem Boden wuchsen. Und dort musste man sich zu Beginn über einen QR-Code anmelden. Manchmal fragte ich mich, wie ich nur siebzig Jahre ohne so eine Äpp hatte überleben können, denn man bekam das Testergebnis auch ausdrücklich «nur über das Smartphone» mitgeteilt. Wer keines hatte, der konnte zwar anrufen, brauchte aber für die Abfrage trotzdem einen digitalen Code. Aber was hilft es – sich dem technischen Fortschritt zu verschließen, ist eben auch keine Lösung. Warum kommt mir die Zeile so bekannt vor?

Muss ich erwähnen, dass ich in dem Testzentrum lässig lächelnd mein Handy zückte, das mir übrigens in dem Moment über den Bildschirm vermittelte, dass ich mich wohl eindeutig in einem Testzentrum befand? Und am nächsten Tag konnte ich das für mich positive Ergebnis «negativ» auf dem Schmahtfohn ablesen.

Es schadet eben nichts, wenn man sich mit neuen technischen Entwicklungen vertraut macht. Übrigens bekomme ich seitdem jeden Tag Meldungen von Google, dass viele Funktionen auf meinem Handy erst wieder funktionieren werden, wenn ich Google Play wieder aktiviere. All diese sinnlosen Dinger wieder aktivieren? Nee, man kann den Spieß nämlich auch umdrehen, und darüber rege ich mich dann bestimmt nicht mehr auf.

Aber dafür gab es bald einen neuen Grund zur Aufregung – für mein Handy und für mich.

Der digitale Fortschritt, ausgelöst durch die Corona-Pandemie, war unaufhaltsam. Wir lernten ständig neue Begriffe. War «Zoom» bisher lediglich ein Instrument an Kameras, wurde es nun zum Heilsbringer für alle Homeoffice-Geschädigten. «Skypen» steht schon seit einigen Jahren im Duden, und «MuPro» wird hoffentlich wieder in der Versenkung verschwinden.

Ich hatte eine Anfrage des Bayerischen Rundfunks für ein Hörfunk-Interview, das man in normalen Zeiten in einem Studio geführt hätte. Aber es waren durch das Virus keine normalen Zeiten, die Hörfunkstudios waren für externe Gäste aus Gesundheitsgründen tabu. Also musste die Technik zu anderen Mitteln greifen. Ich hätte ja zunächst an ein Telefon gedacht, aber das war von der Tonqualität her nicht hochwertig genug, wie mir vermittelt wurde. Es gäbe ja jetzt «MuPro» - was immer das war.

Ich hatte ja schon viele neue Begriffe gelernt, wie eben zum Beispiel Zoom. Und ich lernte, dass «Teams» mehr war als Teamwork und dass «Facetime» nicht nur eine Gesichtscreme war. Und nun eben «MuPro». Und das erwies sich als echte Mutprobe für mich und als Bewährungsprobe für mein Schmahtfohn.

Was solls, dachte ich mir, dann eben auf diese Weise. Und ich bekam vom Sender eine genaue Anleitung, wie mit «MuPro» zu verfahren sei. Schon beim ersten Lesen dieser Gebrauchsanweisung beschlich mich der leise Verdacht, in einer Sendung der «Versteckten Kamera» gelandet zu sein. Oder was würde Ihnen dabei einfallen? Lesen Sie es ruhig mehrfach, das musste ich auch tun. Ich zitiere wörtlich aus der Anleitung, lasse nur Namen und unwichtige Details weg:

1. Zunächst erhalten Sie eine Mail mit der Frage, was für ein Smartphone Sie besitzen. Teilen Sie bitte per Mail mit, was für ein Smartphone Sie besitzen.

2. Anschließend erhalten Sie eine Mail, die u.a. einen Downloadlink enthält. Rufen Sie diesen Link über ihr Smartphone auf. Sie sollten in den App-Store bzw. Google PlayStore weitergeleitet werden, wo Sie die App «MuPro» herunterladen können.

3. Öffnen Sie die App. Hier werden Sie ggf. gefragt, der App Berechtigungen zu erteilen, zum Beispiel auf das Mikrofon zuzugreifen. Stimmen Sie diesen Anfragen zu.

4. Loggen Sie sich mit den Zugangsdaten, die Sie per Mail erhalten haben, ein (Mailadresse und Passwort).

5. Geben Sie der Redaktion Bescheid, wie Ihre SIP URI lautet, die ebenfalls in der Mail vermerkt war.

6. Schließen Sie Mikrofon und Kopfhörer an Ihr Smartphone an.
Falls Sie ein externes Mikrofon haben, schließen Sie dieses an. Danach stöpseln Sie Ihre Kopfhörer an. Achtung: Schließen Sie nur Kopfhörer OHNE eigenes eingebautes Mikrofon an. Sie erkennen das an dem Stecker: Der richtige Stecker ohne Mikrofon hat zwei Streifen an der Klinke.
Falls Sie kein externes Mikrofon haben, schließen Sie bitte Ihre Kopfhörer mit eingebautem Mikrofon an, zum Beispiel die, die beim Kauf des Smartphones mitgeliefert wurden. Dieser Stecker hat drei Streifen an der Klinke.

7. Stellen Sie Ihr Smartphone auf «Rufumleitung» um, da sonst jeder eingehende Anruf die Verbin-

dung zur Aufnahme unterbricht. Die Rufumleitung finden Sie je nach Betriebssystem an unterschiedlichen Stellen.

Dann folgte noch eine Seite mit der Überschrift «Unbedingt zu beachten», die mich fatal an den Beipackzettel eines Medikaments erinnerte, wo man sich nach dem Lesen der ganzen möglichen Nebenwirkungen erst richtig krank fühlt. Ich fühlte mich ähnlich elend und schaffte es nicht einmal, mich aufzuregen. Und das will etwas heißen!

Können Sie also nachvollziehen, dass ich nach dem Lesen dieser Angaben erst einmal einen Espresso brauchte? Und kurze Zeit später war mir sogar nach einem Schnaps, denn ich stellte fest, dass mein Kopfhörer sich beharrlich weigerte, mir auch nur irgendwelche Streifen zu offenbaren. Aber was sollte ich machen, da musste ich durch.

Mir wurde dann in einer weiteren Mail avisiert, dass mich der Schaltraum des Senders zehn Minuten vor der verabredeten Zeit anrufen würde, um die Qualität von «MuPro» zu testen.

Ich lud also «MuPro» nach Vorschrift aus dem Google Play Store herunter, obwohl ich bis heute nicht verstehe, warum der Sender mit dieser Datenkrake Google gemeinsame Sache macht – aber das muss ich ja auch nicht verstehen.

Und am vereinbarten Tag wartete ich brav und frisch geduscht auf den Anruf – pünktlich zehn Minuten vor dem Interview.

Sie ahnen es sicher bereits – der Anruf kam nicht. Ich wurde nervös, schaltete mein Handy ein und aus, die «MuPro»-App aus und ein. Ich las noch einmal nach:

8. Drücken Sie nun das Antennensymbol. Wenn es rot leuchtet, ist die App bereit für den externen Anruf von uns (externer Verbindungsaufbau aktiviert).

9. Zur ausgemachten Zeit melden wir uns. Sobald ein Anruf eingeht, blinkt die obere Displayzeile.

10. Nehmen Sie den Anruf mit einem Klick auf den Mikrofon-Button an. Wenn das Mikro rot leuchtet, ist die Verbindung hergestellt, und wir starten unser Gespräch.

Das Antennensymbol leuchtete rot, aber es kam kein Anruf. Dann, etwa zehn Minuten später, blinkte die obere Displayzeile, und der erlösende Anruf war da. Der Techniker entschuldigte sich, sie hätten an dem Tag ein paar Probleme gehabt, aber nun sei alles okay. Die Verbindung sei einwandfrei, die Moderatorin würde sich gleich zur Aufnahme melden. Und er legte auf.

Wenige Augenblicke später blinkte das Display erneut, und ich nahm das Gespräch an. Es war die Moderatorin, die sich ebenfalls erneut entschuldigte, heute sei irgendwie der Wurm drin. Das «MuPro» hätte schon mehrfach nicht geklappt, aber nun sei alles okay. – Komisch, so wirklich beruhigt hat mich diese Aussage nicht. Und ich sollte sehr schnell feststellen, dass man häufig gut daran tut, mancher allzu neuen Technik zu misstrauen. Wir plauderten etwas, und nach drei bis vier Minuten begann meine App, gelb zu blinken, und der Ton der Moderatorin wurde abgehackt, ich verstand nur noch die Hälfte. Sie bat mich «l...eg...Sie...ite...uf», was wohl bedeuten sollte, dass ich auflegen möge.

Ich tat das, und wir starteten einen neuen Versuch, der kurz darauf so endete wie der erste. Erneut rief mich der Schaltraum an und fragte, ob ich denn auch einen Festnetzanschluss hätte. Ich bejahte und gab ihm die Nummer. Mein Festnetztelefon klingelte, und mein Bekannter aus dem Schaltraum war dran.

Er bat mich, mit ihm über beide Telefone zu kommunizieren - links das Handy, rechts das Festnetz. Verstehen Sie jetzt, was ich mit der «Versteckten Kamera» meinte? Wenn mich in dem Moment jemand gesehen hätte, der hätte doch Guido Cantz oder die Männer mit den weißen Jacken gerufen.

Mein inzwischen guter Bekannter versuchte nun, mit einer Mischung aus leisen unterdrückten Flüchen und unverständlichen Fachbegriffen irgendwelche Verbindungen herzustellen, musste mir aber nach kurzer Zeit mit dieser neuen Form der Stereo-Telefonie beichten, dass das sagenhafte «MuPro» wohl erneut ausgefallen sei. Ob ich denn in der Lage wäre, das Interview auf dem Festnetztelefon zu führen, es aber dabei parallel auf meinem Handy aufzuzeichnen und diesen Mitschnitt dann später per Mail an den Sender zu schicken, wegen der besseren Qualität? Nun ja, besser als die Qualität von «MuPro» war das ja wohl allemal.

Natürlich musste ich erst einmal sichergehen, ob denn mein Handy überhaupt so eine Aufzeichnungsmöglichkeit besaß. Und siehe da – das musste ja so sein – das tat es nicht.

Da ich aber nun schon unfallfrei das unglaubliche «MuPro» als App heruntergeladen hatte, konnte ich dasselbe ja auch mit einer Diktiergeräte-App machen.

Wozu ist man schließlich digital geschult? Ich bat also um einen kurzen Moment der Auszeit, wobei das auf zehn Minuten angesetzte Gespräch jetzt ohnehin schon fast eine Stunde in Anspruch genommen hatte.

Kurze Zeit später rief mich mein Freund aus dem Schaltraum an und versuchte, intern die Moderatorin ans Telefon zu bekommen. Muss ich betonen, dass das nicht sofort gelang? Ich hörte, dass irgendwelche Verbindungen wohl leider nicht das taten, was sie seiner Meinung nach hätten tun sollen und er deshalb diesmal weit weniger leise fluchte. Aber dafür hatte ich volles Verständnis, nach allem, was wir schon gemeinsam durchgemacht hatten, und ich versuchte sogar, ihn zu trösten, denn dafür sind gute Freunde ja schließlich da. Doch irgendwann hatte ich die freundliche Moderatorin wieder am Draht, und wir konnten das Gespräch fortsetzen. Bitte stellen Sie sich das Bild vor: Ich saß zu Hause und sprach gleichzeitig ins Festnetztelefon und in das Handy, auf dem die Diktierfunktion lief. Schöne neue Digitalwelt. Skurrilität hat einen Namen – und der lautet «MuPro».

Wir beendeten das Gespräch schließlich irgendwann beide zufrieden, wobei mir die Moderatorin schaudernd von einem Interview vom selben Tag erzählte, zu dem sich drei Leute per «MuPro» zusammenschalten sollten

- was natürlich schiefgegangen war. Mir tat mein Duz-Freund vom Schaltraum wirklich leid. Dagegen war das hier ja nur ein Klacks. Ich verabschiedete mich mit Dank für die Mühe bei allen Beteiligten und dann ... traf mich der Schlag. Mein Handy hatte sich offensichtlich mitten im Gespräch selbstständig ausgeschaltet, wohl weil ich zu lange nichts gesagt hatte, sondern meiner Gesprächspartnerin zugehört habe.

Aber zumindest den kleinen aufgenommenen Teil des Interviews wollte ich doch an meinen Blutsbruder im Schaltraum per Mail verschicken – nur wie? Was hat er noch gesagt? Ich solle eine Tonaufnahme vom Handy auf den Computer übertragen – ich, ein bekennender analoger Dinosaurier? Wenn auch mit Zugang zum Google Play Store ...

Glücklicherweise kenne ich einen, der einen kennt, und mit vielen Seufzern und Flüchen ist mir schließlich ein telefonisch geduldig begleitetes Überspielen gelungen. Vielleicht fange ich demnächst im Schaltraum bei meinem Zwillingsbruder an.

Und soll ich Ihnen was sagen? Der Sender hat den gesamten Ton ganz einfach vom Festnetzanruf übernommen. Und es gab keinen Anlass sich aufzuregen, das war sogar eine super Tonqualität.

Es klingelt!

Neulich hatte ich Geburtstag – das kommt einmal im Jahr vor. Und da ich das schon ein paarmal mitgemacht habe und weiß, dass ich an diesem Tag ohnehin zu nichts komme, nehme ich mir für diesen Tag nie etwas vor. Kein Besuch und keine Feier. Warum? Nun, ich habe ein Festnetztelefon und einen mobilen Apparat – darüber haben wir ja eben schon geredet.

Und beide klingeln an diesem Tag.

Mehrfach.

Und meistens gleichzeitig!

Eigentlich könnte ich mich darüber aufregen, aber es ist ja nett gemeint. Nur – warum sprechen die Anrufer sich untereinander nicht ab? Für längere Zeit ist mehrfach am Tag alles ruhig und friedlich. Dann klingelt das Festnetz, und wenn ich dort rangehe, geht genau in diesem Moment immer auch der Alarm beim Mobilgerät los. Es ist zum Verrücktwerden.

Mich macht das total nervös, weil ich mich ja eigentlich freue, wenn andere Menschen an mich denken und gratulieren wollen.

Ich habe daraufhin den Anrufbeantworter am Festnetz angeschaltet, am Handy meldet sich ja ohnehin die Mailbox, wenn man das Gespräch nicht annimmt. So kann jede/r Anrufer/in jedenfalls ihren/seinen Gruß loswerden – dachte ich.

Schon der nächste Anruf begann mit den Worten: «Was ist das denn für ein neumodischer Kram! Ein AB? Was soll das denn? Wieso gehst du an deinem Geburtstag nicht ran?» Ich hörte förmlich, wie die Anruferin sich aufregte, konnte aber nicht reagieren, weil ich noch am Handy im Gespräch war.

Also habe ich den AB wieder ausgeschaltet und mich bei der freundlichen Anruferin entschuldigt. Nur kurz, weil dann schon das andere Telefon wieder klingelte.

Der Höhepunkt allerdings kam kurze Zeit später. Meine Freundin Christina rief an, wir plauderten etwas auf dem Handy, und sie fragte mich, ob denn unsere gemeinsame Freundin Angelika bereits angerufen hätte. Ich verneinte, und in dem Moment klingelte es im Festnetz. Angelika war dran, und ich hatte links das Handy und rechts das Festnetztelefon.

Ich nach links: «Das ist lustig, gerade jetzt ruft Angelika an.»

Ich nach rechts: «Wir haben gerade von dir gesprochen. Habe Christina in der Leitung!»

Angelika von rechts: «Ja, wir treffen uns nachher.»

Christina von links: «Sag Angelika, sie soll sich warm anziehen!»

Ich nach rechts: «Angelika, du sollst dich warm anziehen.»

Angelika von rechts: «Sag ihr, das mache ich.»

Ich nach links: «Sie sagt, das macht sie!»

Und dann hatte ich die Faxen dicke und habe einfach beide Telefone aneinandergehalten und laut gesagt: «Ihr könnt auch direkt miteinander sprechen!» Komisch, das wollten sie nicht, weil sie sich ja später ohnehin sehen würden.

Und wieder einmal war ich dafür dankbar, dass niemand mit einem Fotoapparat anwesend war, der dieses Bild hätte ins Internet stellen können. Sonst käme doch jemand auf den Gedanken, die Herren mit den weißen Jacken zu rufen.

Ich liebe Geburtstag, wirkli... Ach, Entschuldigung, mein Telefon klingelt gerade! Wenn ich nur wüsste, welches...

Manchmal fühlt man sich ver-äpp-elt

Habe im Radio ein Interview gehört, weil der Kurznachrichtendienst SMS dreißig Jahre alt geworden ist. Jetzt feiert man schon die Geburtstage von technischen, nennen wir sie «Errungenschaften». Eigentlich hatte ich ja dazu eine Sondersendung erwartet oder zumindest einen ARD-Brennpunkt.

Ich erinnere mich noch: Am 3.10.2019 feierte man mit großer Show den dreißigsten Jahrestag der Wiedervereinigung. Großer Bahnhof für eine große geschichtliche Veränderung. Und was beherrschte am Tag darauf die Schlagzeilen? Die Einführung der blauen Häkchen bei WhatsApp. Also manchmal fühlt man sich siehe oben.

Dabei ist die SMS wirklich praktisch. Man kann eine Nachricht verschicken, ohne den Adressaten zu stören, zum Beispiel bei so nebensächlichen Dingen wie Schlafen. Gut, eine Beziehung per SMS zu beenden, gilt als nicht sehr stilsicher, aber praktisch ist es schon, und es erspart lange Auseinandersetzungen, short message eben.

Die anderen Messengerdienste hingegen muss man mögen. Heute kommt man ja auch kaum noch drum rum, ständig wird man in irgendwelche Gruppen eingeteilt. Die Familiengruppe, die Vereinsgruppe, die Gruppengruppe. Und natürlich fühlen sich auch alle immer aufgefordert, irgendetwas an die Gruppe loszuwerden. Es pingt und klingelt, dass es eine Art hat.

Wichtige Informationen wie «Bin gerade in der Bahn» oder das Teilen von ach so lustigen Filmchen, in denen ein Waschbär einer Touristin die Handtasche klaut. Haben wir gelacht!

In unserer Familie haben wir uns lange gegen diese App gewehrt. Aber als mein Neffe zweimal unverrichteter Dinge vom abgesagten Training wieder nach Hause kam und nur hörte: Haben wir doch in der Gruppe mitgeteilt!, da wurde uns klar, dass wir um diesen Gruppenzwang wohl nicht herumkommen. Also hat das Unternehmen Facebook seitdem Zugriff auf alle unsere Adressdateien. Gutes Geschäft, Herr Zuckerberg!

Natürlich ist die Familiengruppe praktisch, zumal die Mitglieder der Familie überall verstreut sind und man sich dadurch selten sieht. So bleibt man auf dem Laufenden, und das kann ich wörtlich nehmen - immer, wenn es pingt, muss ich nämlich loslaufen und mein Schmahtfohn suchen, das natürlich wieder einmal nicht an dem Ort liegt, an dem es sein sollte. Wieso liegt das jetzt im Badezimmer? Wer hat das da ... Ach so, ja, ich selbst.

Nur eine Frage bewegt mich seit einiger Zeit: Wer ist diese Rosemarie? Wir hatten doch nie eine Rosemarie in der Familie. Unauffällige Fragen an meine Cousins ergaben, dass dort ebenfalls Ratlosigkeit herrschte. Wir freuen uns alle, dass Rosemarie sich bei uns wohlfühlt, aber irgendwie muss die doch in die Gruppe gekommen sein.

Ich habe ja den Waschbären in Verdacht ...

Frechheit siegt (oder auch nicht)

Ich habe mir neulich beim Autovermieter meines Vertrauens einen Leihwagen besorgt. Ich nenne keinen Namen dieses deutschen Anbieters, nehme aber an, dass dessen Geschäftsgebaren sich nicht wesentlich von dem der anderen Verleiher unterscheidet.

Man bekommt ja heute meist keinen Vertrag mehr in die Hand gedrückt, sondern der wird per E-Mail nach der Übernahme zugeschickt. Das ist sehr praktisch – vor allem für die Anbieter. Ich konnte daher leider nicht bei der Übergabe kontrollieren, ob eventuelle kleine Vor-Schäden alle korrekt erfasst worden waren.

War ein schönes Auto, sogar etwas höherwertiger als gebucht, da konnte ich nicht meckern, kein billiges Modell. Glücklicherweise hatte ich vorausschauend schon eine Vollkaskoversicherung abgeschlossen, das war zwar teuer, aber beruhigend.

Später las ich dann doch mal in dem Vertrag nach und fand bei dem noch recht neuen Wagen folgende Auflistung:

- Kratzer Beifahrerseite Tür hinten < 5 cm (bis Grundierung)
- Kratzer Beifahrerseite Tür vorne < 5 cm (bis Grundierung)
- Steinschlag Fahrerseite Motorhaube nicht im Sichtfeld

- Kratzer Mitte Motorhaube > 10 cm oberflächlich
- Steinschlag Mitte WindschutzscheibeSteinschlag Fahrerseite Windschutzscheibe
  nicht im Sichtfeld
- Steinschlag Beifahrerseite Windschutzscheibe
  nicht im Sichtfeld
- Kratzer Fahrerseite Tür vorne < 5 cm
  (bis Grundierung)
- Kratzer Fahrerseite Tür vorne Türkante 5–10 cm
  oberflächlich
- Kratzer Beifahrerseite Alufelge hinten < 5 cm
  (bis Grundierung)
- Delle Beifahrerseite Tür hinten bis 3 cm
  (ohne Lackschaden)
- Kratzer Beifahrerseite Tür hinten > 10 cm
  (bis Grundierung)
- Kratzer Fahrerseite Stoßstange vorne > 10 cm
  (bis Grundierung)
- Kratzer Fahrerseite Außenspiegel < 5 cm
  (bis Grundierung)
- Delle Fahrerseite Kotflügel hinten > 10 cm
  (mit Lackschaden)
- Delle Fahrerseite Stoßstange hinten > 10 cm
  (mit Lackschaden)

Ui, dachte ich mir so, da muss aber jemand ganz schön unvorsichtig gewesen sein, wenn das vergleichsweise neue Fahrzeug schon so viele Blessuren aufweist. Also war ich besonders vorsichtig, denn es wäre ja schade um den Wagen, wenn da noch weitere Dinge hinzukämen.

Das Auto lief einwandfrei, wie ich es nicht anders erwartet hatte. Ich hatte zwei lange Autobahnfahrten vor mir und wusste, dass mich nach der Hinreise ein eigener Stellplatz erwarten würde – dass das Auto also relativ gut aufgehoben war. Beruhigend!

Zwei Tage später gab ich das Fahrzeug zurück, das nun etwa eintausend Kilometer mehr auf dem Tacho hatte und von mir gut behandelt worden war. Bei der Abgabe beruhigte mich auch die anwesende Mitarbeiterin, dass ich mir ja keine Sorgen machen müsse, denn ich wäre ja vollkaskoversichert. Eventuelle Schäden seien also abgedeckt. Worauf ich meinerseits sie beruhigen konnte, denn es gab ja keine weiteren Schäden. «Nun ja, und wenn schon, Sie sind ja vollkaskoversichert», gab sie zurück.

Das hätte mich vielleicht schon stutzig machen müssen, aber da ich dort ja Stammkunde war, sogar gerade ein Jubiläumsangebot mit einem besonderen Rabatt bekommen hatte, verabschiedete ich mich nur und ging.

Am folgenden Tag bekam ich eine Mail:

«Zu dem von Ihnen angemieteten Fahrzeug sind uns folgende Zustandsabweichungen aufgefallen, die uns vor Ihrer Miete noch nicht bekannt waren.

- Stoßstange vorne Spoiler Beifahrerseite Kratzer > 10 cm (bis Grundierung)
- Windschutzscheibe Mitte Riss
- Alufelge vorne Beifahrerseite Kratzer < 5 cm Stoßstange vorne Beifahrerseite Kratzer 5-10 cm (bis Grundierung)»

Sie verstehen vielleicht, dass ich etwas geschockt war, oder? Ich suchte sofort die Filiale auf, und glücklicherweise war das so nachhaltig zerstörte Fahrzeug noch nicht weitervermietet worden – es hatte sich wohl keine weitere Vollkasko gefunden. «Aber Sie haben doch eine Vollkasko abgeschlossen», wunderte sich die diensthabende Kollegin. Na und? Ich ging mit einem Mitarbeiter zum Wagen, und wir suchten zunächst nach dem Kratzer an der Alufelge. Und tatsächlich – wenn man ganz genau hinsah, leider hatten wir keine Lupe, dann sah man einen Kratzer. Dass der Mitarbeiter diesen durch das Drüberwischen mit dem Finger nahezu beseitigen konnte, lasse ich hier mal unerwähnt.

Der Riss in der Windschutzscheibe war nur unwesentlich größer, war allerdings die Folge des bereits konstatierten Steinschlags, den der Vermieter eigentlich hätte sofort beseitigen müssen, wie wir seit der Carglass-Reklame wissen. «Aber Sie hatten doch Vollkasko» – ich war kurz davor, mich aufzuregen, denn ich konnte den Satz schon nicht mehr hören.

Können Sie nachvollziehen, dass sich in mir misstrauischem Menschen ein böser Verdacht ausbreitete? Sicher ganz unbegründet, ich weiß. Hatte man mir bewusst den teureren Wagen angeboten, um ihn dann mithilfe meiner Vollkasko … Nein, das war sicher nicht so. Wie konnte ich nur so etwas vermuten. So etwas würde man allenfalls in manch anderem Land vermuten, aber doch nicht in Deutschland. Und schon gar nicht in …, aber das wollte ich ja nicht sagen.

Die per Mail vorgetragene Bitte um das Ausfüllen einer Schadensmeldung musste ich leider abschlägig bescheiden, denn was hätte ich schreiben sollen? Und so bekam ich eine Woche später folgende Mail: «Wir möchten uns bei Ihnen für Ihre Unterstützung bei der Aufklärung des Sachverhaltes bedanken. Auf Grundlage der uns derzeitig vorliegenden Informationen, insbesondere Ihrer Angaben und unserer darauf basierenden Einschätzung der Sachlage, werden wir diesen Vorgang ohne weitere Veranlassung abschließen.»

Na also – eingeschätzt und abgeschlossen! Dabei war eines sicher: ICH hatte mich nicht aufgeregt, und geärgert werden sich diesmal eher andere haben.

Und es war natürlich nur ein Zufall, dass dies Auto und meine Vollkasko aufeinandertrafen und ganz sicher keine Absicht. Ich schämte mich für meine so abstrusen Gedanken und beschloss, dass ich mich von diesem Unternehmen, dem ich sicher allein schon durch diese Gedanken und Unterstellungen bitter unrecht getan hatte, in der nächsten Zeit besser fernhalten würde. Man würde mir sonst das schlechte Gewissen sicher ansehen. Und dagegen gibt es ja keine Vollkaskoversicherung.

Quo vadis?

Nach der Lektüre von einigen meiner Texte könnte man den Verdacht hegen, dass ich etwas gegen die moderne Technik hätte. Das ist nicht so – ehrlich. Wenn sie hilfreich ist, ist sie hochwillkommen. Das ist sie leider nur nicht immer.

Ich habe in meinem Auto sogar ein Navigationsgerät, zärtlich «Navi» genannt. Fest installiert, nicht nur einfach so am Handy. Nein, das ist mit meiner Soundanlage verbunden und soll mir helfen, mich nicht zu verfahren, egal wie verfahren die Situation gerade ist (ich entschuldige mich für das Wortspiel). Und das tut es auch. Also meistens. Aber eben nicht immer.

Es soll ja sogar Navis geben, die warnen die Fahrer schon vor Staus. Das macht meines nicht, das ist unter seiner Würde. Es lässt mich munter in so einen Stau hineinfahren, Hauptsache, die Streckenführung stimmt.

Neulich wollte ich zu einem privaten Termin nach Bonn. Das ist momentan nicht so ganz ohne, weil nach der großen Flut im Sommer, Sie erinnern sich sicher, einige Autobahnstrecken nach wie vor wegen Unterspülung gesperrt sind und sich der Verkehr nun auf wenige Straßen verteilen muss. Wobei er sich eben leider nicht verteilt, sondern zu einer Klumpen-Bildung neigt, die man eben auch Staus nennt. Meinem Navi war völlig egal, dass die – seiner Meinung nach – schnellste Strecke auch

die mit den längsten Staus war. Seitdem steht die Abkürzung GPS für «größter Pkw-Stau» – dass auch Lkws dabei
sind, macht das Problem nicht geringer.

Ich erreichte an dem Abend dennoch mein Ziel – gut,
mit fast einstündiger Verspätung, aber wer wird sich denn
über so eine Marginalie aufregen ...

Am Folgetag hatte ich eine Verabredung in Remagen,
und wer sich in der Geografie von NRW auskennt, der
weiß, dass der Weg von Köln nach Remagen wieder über
Bonn führt. Diesmal wählte ich gleich eine andere Strecke, obwohl mein Navi heftig dagegen protestierte. Nennen wir es Schicksal oder gute Beziehungen meines Navis zur Polizei – die von mir ausgewählte Strecke war aufgrund eines Unfalls gesperrt, ich wurde umgeleitet. Und
natürlich in Richtung der ohnehin bereits gesperrten Au-
tobahnteilstrecke.

Ich war mir sicher – nun muss die große Stunde meines Navis schlagen! Und tatsächlich – ich bekam eine Aus-
weichstrecke präsentiert. Super! – Allerdings hatten andere Autofahrer wohl das gleiche Navi, denn nun schlängelte sich die gesamte Karawane über kleine Landstraßen durch die liebliche Landschaft der Rheinebene. In
gemächlichem Tempo. Ich ahnte, dass ich nie und nim-
mer zum verabredeten Zeitpunkt in Remagen sein würde,
was deshalb besonders ärgerlich war, weil eine Führung
durch eine Ausstellung organisiert worden war. Nun gut,
die dauerte ja immerhin etwa 90 Minuten, dann würde
ich eben etwas später dazustoßen.

Kurze Zeit später geriet die Schlange erneut ins Stocken, und in der Entfernung sah ich auch den Grund dafür. Rot-weiß-gestreifte Balken riegelten die Straße ab. Weiterfahrt unmöglich. Gesperrt wegen Flutschäden. Ich wendete und mein Navi führte mich – zielgerichtet wieder an die gleiche Sperrung.

Offensichtlich hatte niemand daran gedacht, mein Navi zu informieren. Das ist nicht nett. Leider hatte ich keine analoge Deutschlandkarte mehr im Auto. Warum auch, ich hatte ja ein Navi.

Nun führen ja nicht nur viele Wege nach Rom, sondern auch nach Remagen. Also erneut eine Alternativroute durch mein Navi gewählt und los. Es hätte mich schon stutzig machen müssen, dass auf dieser Route vergleichsweise wenig los war. Aber ich Ahnungsloser freute mich sogar noch und gab Gas – in der irrigen Hoffnung, etwas von meiner schon angesammelten Verspätung aufholen zu können. Die vielen Kreisverkehre der Landstraßen durchfuhr ich gekonnt, immer treu geleitet von meinem Wegbegleiter, nein, meinem Weg-Weiser! «Bitte umfahren Sie den Kreisverkehr und nehmen die zweite Ausfahrt!» – Wird gemacht, Chef!

Ich kam durch etliche Dörfer, denen man die Zerstörungen durch das Hochwasser noch ansah, und hoffte nur, dass mich niemand für einen Katastrophen-Touristen hielt, denn ich wollte ja nur den Verkehrskatastrophen ausweichen. Was mir – ich gestehe es offen – nicht gelang. Auch diese Straße war plötzlich mit diesen rotweiß-gestreiften Absperrbalken dichtgemacht worden.

In Remagen begann jetzt die Führung, ich hingegen begann zu schwitzen. Wohin jetzt? Mein Navi wusste einen Ausweg, natürlich. Und dieser Ausweg führte mich geradewegs … zur nächsten Vollsperrung. Nun wurde ich nervös und – ich gebe es zu – ich regte mich auf und blaffte mein Navi an. «Mach was! Blödes Ding!» – Mein Navi war klüger als ich, es schwieg.

Allerdings half mir das ja auch nicht, also brachte ich es wieder zum Reden und suchte nach einem anderen Weg. Normalerweise fahre ich gern Auto, aber normalerweise weiß ich auch, wo ich genau bin. Jetzt war ich irgendwo und kam nirgendwo hin. Und die Zeit lief.

Ich will Sie nicht langweilen – nur so viel: Ich erreichte Remagen exakt zu dem Zeitpunkt, an dem die Führung durch die Ausstellung beendet worden war. Perfektes Timing! Und ich hatte für etwas über dreißig Kilometer nur zweieinhalb Stunden Fahrzeit benötigt. Von meinen lädierten Nerven nicht zu reden.

Mein Navi redet nicht mehr mit mir. Hoffentlich renkt sich das wieder ein.

Ich habe jetzt übrigens auch wieder eine Landkarte im Auto. Vorsichtshalber!

Wo war noch mal ...

Ich gebe es zwar nur ungern zu, aber mein Gedächtnis ist nicht mehr das beste. Das liegt natürlich nicht am Alter, sondern nur an mangelndem Training. Hab ich mal irgendwo gelesen ... äh, wo noch mal?

Egal, jedenfalls habe ich mir inzwischen angewöhnt, mir wichtige Dinge sofort aufzuschreiben. Das ist eine bombensichere Methode, wenn ich denn hinterher noch weiß, wo ich den Zettel hingelegt habe. Ganz wichtige Dinge hefte ich mir inzwischen mit Klebestreifen an die Tür, da sehe ich sie sicher. Dann gehe ich raus, schließe ab und habe sie schon vergessen. Gut, das ist übertrieben, aber nur ein wenig. Leider.

Sie kennen das auch. Sie wollen eine Mail schreiben, sagen wir mal einen Glückwunsch für einen Freund zum Geburtstag. Den Termin haben Sie ja im Kalender vermerkt. Auch so eine Sache. Diese digitalen Kalender in Autluck. (Ich weiß, dass es sich Outlook schreibt, aber so sieht es lustiger aus.) Ich kann die nicht nutzen. Ich bemerke mein digitales Helferlein immer erst, wenn es zu spät ist. Also habe ich einen schönen, praktischen Handkalender, wie immer. So, wo war ich?

Also, Sie wollen eine Mail schreiben, setzen sich hin, öffnen Rechner und Mailsystem und sind erst einmal baff. Da hat sich über Nacht in einem Update (schreibt sich, wie man es spricht, grins) eine völlig neue grafische

Welt aufgetan. Sieht toll aus, wirklich. Sehr aufgeräumt, schöne Farben und ein tolles Hintergrundbild. Da haben die sich echt etwas einfallen lassen. Zufrieden schalten Sie den Rechner wieder aus.

Stunden später, ein Zufallstelefonat mit einer Freundin. Und jemand sagt: «Du denkst doch daran, dass XY heute Geburtstag hat?» - «Klar», sage ich, «habe schon eine Mail geschrie...»- und dir wird klar, dass du genau das nicht getan hast. Also erneut den Rechner an und die neue grafische Oberfläche bewundern. Und dann auf das Icon, also das Eiken, links oben klicken. Nur ist da keines mehr. Weggeräumt. Wo war jetzt noch mal dies dusselige Ding?

Akribisch wird der Rechner gescannt, und dabei könnte man lustige Dinge entdecken, aber du willst ja eine Mail schreiben. Jetzt nur nicht ablenken lassen. Ah, da! Ein Klick und das Mailsystem öffnet sich wie von Zauberhand. Und was ist das? Eine Mail von meinem Stromanbieter? Erhöhen die schon wieder die Preise? Muss ich gleich mal nachsehen. - Ach so, nein, die benennen nur ihre Firma mal wieder um, das kenne ich schon. Beruhigt schließe ich die Mails und schalte den Rechner aus.

Meinen Freund habe ich dann am Abend angerufen. Er sagte mir, dass unsere gemeinsame Freundin ihm schon mitgeteilt hätte, dass ich eine Mail geschrieben hätte, aber er könne sie nicht finden. Ich erklärte, dass ich es mir anders überlegt hätte, denn so ein Telefonat sei doch viel persönlicher. Glücklicherweise haben wir noch keine Kamera am Telefon.

Man lässt sich eben einfach zu schnell ablenken. Wie hab ich das eigentlich damals im Job hinbekommen? Mein Gedächtnis war gefürchtet – also soweit ich mich erinnere. Heute ist ein Sieb geradezu ein Tresor gegen meine grauen Zellen. Also als ich damals … sehen Sie, schon funktioniert es. Geschichten aus der Vergangenheit bleiben haften, der gute Vorsatz von heute ist schon Geschichte, bevor er ausgesprochen wird. Komisch.

Das Langzeitgedächtnis funktioniert besser, obwohl vieles wirklich schon lange her ist. Ich habe mit Sicherheit als Schulkind zuletzt Volkslieder gesungen, macht man das heute noch? Ich habe eher das Gefühl, heutige Volkslieder heißen «Atemlos» oder «Layla», aber ich kenne noch alle Strophen von «Wenn alle Brünnlein fließen», wobei mir das häufig nur sehr bedingt weiterhilft. Die von «Atemlos» kenne ich übrigens nicht. Glaube ich. Aber wir speichern eben doch mehr ab, als wir für möglich halten.

Wahrscheinlich reagieren wir deshalb so verhalten fröhlich (nett ausgedrückt) auf Veränderungen. Dass Raider plötzlich Twix hieß, das haben wir mit einem Achselzucken zur Kenntnis genommen. Aber den neuen Namen von meinem Stromanbieter, den habe ich schon längst wieder vergessen. Lohnt auch nicht, ihn zu lernen, denn nächstes Jahr geht der an die Börse oder wohin auch immer, und dann heißt der ohnehin wieder anders.

Und weil clevere Leute in der Wirtschaft wissen, wie wir auf Änderungen reagieren, bauen die ja immer wieder die Supermärkte um. Dann sehen wir plötzlich Artikel an einem ungewohnten Platz und zack! – schon ist mehr im Einkaufswagen, als wir eigentlich wollten. Und die dringend benötigten Eier muss ich dann bei einem zweiten Einkauf nachträglich noch holen.

Wobei Namen ja auch ein Thema für sich sind. Mein Freund W. (ich nenne keine Namen, weil ich ja nicht weiß, wie schnell Sie vergessen) behauptet immer, dass er keine Namen behalten kann. Aber sobald ich ihm eine Assoziation zu der Person gebe, fällt ihm der Name sofort ein. Ich glaube, das nennt man Mnemotechnik, wenn man Dinge mit Bildern verbindet und sich damit leichter erinnern kann. Das soll ganz toll funktionieren, wenn man es beherrscht. Müsste ich mich mal mit beschäftigen, wenn ich nur noch wüsste, wo ich das gelesen habe. Wo war das noch mal …

Eigentlich ist es ja ganz gut, dass man vergessen kann und dass das Gehirn sich zwischendurch mal aufräumt. Macht man ja zu Hause auch und findet dabei Dinge, von denen ich schwören könnte, sie nie besessen zu haben. Ich war vor vielen Jahren auch einmal auf einem Klassentreffen, und dort traf ich eine gut aussehende Frau, bei der ich hätte schwören können, dass sie niemals in meiner Klasse war. Bis mich jemand darauf hinwies, dass wir bei ihr sogar unsere Abi-Feier veranstaltet hatten. Ups! Gut, dass ich nichts gesagt hatte. Was hätte es mir da geholfen, wenn ich die dritte Strophe von «Wenn alle Brünnlein fließen» angestimmt hätte? Eben.

Ich weiß auch nicht, warum ich den niedersächsischen Stützenwechsel kenne und weiß, dass eine Seemeile dem

Unterschied von einer geografischen Meile zu einer Winkelminute entspricht. Was nützt mir das, wenn ich verzweifelt danach suche, wie denn noch mal der Hauptdarsteller in dieser Serie hieß, also dieser amerikanischen – oder war sie englisch? Egal, da spielte doch auch die Dings mit, die hat dafür doch sogar einen Preis bekommen. Hab ich gelesen. Wo war das noch mal ...

Ich weiß, was Sie jetzt denken. «Mensch, der Beyer ist aber auch ganz schön alt geworden.» Was übrigens stimmt. Eigentlich bin ich schon fast über dem statistischen Durchschnitt, also wenn ich mir das Jahr 1980 ansehe.

Da war für uns Männer mit neunundsechzigeinhalb Schluss. Im Schnitt. Und dass ich 2060 vierundachtzig Jahre alt werden könnte, macht mich stutzig, denn dann wäre ich doch schon einhundertundzehn ... Wie war das noch mal mit dem Durchschnitt?

Sie sehen, das Leben bleibt ein Rätsel. Warum ich das erzähle? Keine Ahnung. Worum ging es noch mal?

Kulturschock

Um sich über fremde Sitten und Gebräuche zu wundern, muss man unter Umständen gar nicht so weit reisen. Auch in unserem Land gibt es wundersame Geschichten und Handlungsweisen, über die man sich wahlweise wundern (wenn sie andere betreffen) oder aufregen kann (wenn sie einen selbst betreffen).

So habe ich eine Zeit in Nordbaden gelebt, wo es den lustigen Brauch gab, in der Nacht zum 1.April Gegenstände zu verschleppen und an ungewöhnlichen Orten zur Schau zu stellen. Wer dort beispielsweise die Wäsche über Nacht noch im Garten hängen ließ, fand Leine und Wäsche am nächsten Morgen quer über die Hauptstraße gespannt.

Den Vogel abgeschossen hatten ein paar Leute, die einen Fiat 500 auf dem Vordach des örtlichen Rathauseingangs abgestellt hatten. Ich konnte das gut sehen, denn ich wohnte dem Rathaus gegenüber und habe sehr gelacht. So ein lustiger Brauch!

Bis ich mich fragte, WARUM ich das morgens so gut sehen konnte. Ganz einfach – man hatte in der Nacht meine zugeklappten Fensterläden abgebaut, und ich musste sie im ganzen Ort verstreut suchen. So ein blöder Brauch! Hab mich ziemlich aufgeregt – natürlich heimlich, denn DEN Triumph gönnte ich denen nicht.

Jahre später wohnte ich in einer Reihenhaussiedlung

nahe Nürnberg. Dort hatte ich nicht nur einen schönen handtuchgroßen Garten, sondern auch einen gästehandtuchgroßen Vorgarten. Und in dem wuchs eine wunderschöne Silberdistel, die sich irgendwann aufmachte zu blühen. Ich freute mich schon darauf, wenn die Schmetterlinge sich daran gütlich tun würden.

Leider wurde dieser Traum jäh zerstört, denn als ich eines Abends nach Hause zurückkam, war von der Silberdistel nichts mehr zu sehen. Fein säuberlich am Boden abgesäbelt. Auf meine ob dieses Schocks verdutzten Fragen in der Nachbarschaft, was das denn für eine Barbarei gewesen sei, wurde mir nur kühl beschieden, dass man «Unkraut nicht dulde». Das sei nun einmal so. Punkt. Dass eine Silberdistel eine geschützte Pflanze war, hat sie vor diesem Urteil auch nicht geschützt.

Ja, andere Bundesländer, andere Sitten.

Aber den Vogel schoss dann mein erstes Jahr in Köln ab. Natürlich hatte man mich vorgewarnt. Und ich wusste aus eigener Erfahrung, dass man sich in Köln nur dann auf einen Menschen verlassen konnte, «wenn man sich auf ihn setzte», wie Tucholsky es einmal beschrieb. Und der kannte die Kölner gar nicht.

Und dann kam Karneval.

Dies Ereignis traf mich natürlich nicht unvorbereitet, aber mit voller Wucht. Inzwischen weiß ich, dass in Köln grundsätzlich Ganzjahreskarneval herrscht. Einen Grund zum Verkleiden oder Kostümieren gibt es immer. Nach Aschermittwoch kommt der CSD - super Kostüme. Dann kommt «Jeck im Sunnesching» - also Sommerkarneval. Aber nicht ohne Kostüm. Dann feiert man Oktoberfest – so richtig zünftig kölsch mit Dirndl und Lederhose, und dann ist glücklicherweise schon wieder der 11.11.

Aber in meinem ersten Kölner Jahr war mir das noch nicht klar – Kulturschock eben. Und so lief ich unvorbereitet in mein Verderben.

Es war Weiberfastnacht, ein zumindest vormittags «normaler» Arbeitstag. Dachte ich. Ich hatte natürlich – wie immer – keine Krawatte um, war ja nicht blöd. Ich fuhr wie üblich zur Arbeit, erst mit dem Bus, dann mit der Straßenbahn. Im Verkehrsmittel bereits verkleidete Menschen, auf den Straßen ebenfalls – aber zunächst war niemand verhaltensauffällig. Was sich ändern sollte.

Umsteigen in die Bahn, die heute besonders lange an der Station hielt. Als sie anfuhr, wurde mir lautstark klar, warum. In den Wagen war auch ein Spielmannszug eingestiegen, der nun seine Daseinsberechtigung betonte. «Alles hat ein Ende, nur die Wurst hat zwei» – so hatte ich das noch nie gehört. Und hoffte auch, es NIE wieder so zu hören. Laut und – sagen wir – leidenschaftlich, was nicht unbedingt auch notengetreu bedeuten musste.

Wobei nicht mal der Titel stimmte, denn dies Lied hatte kein Ende. Welcher Schlager hat 15 Strophen? Und hinter mir hatte sich auf einen freien Platz die Piccoloflöte gesetzt. Wissen Sie, wie HOCH so eine Piccoloflöte spielen kann? Und welchen Schmerz diese hohen Töne im Mittelohr auslösen können? Und wie lang dann eine Bahnfahrt mit 4 Stationen dauern kann?

Immerhin, es gelang mir zu fliehen, ohne bleibende Hörschäden zu behalten. Und ich erreichte unser Bürogebäude. Dort sah ich die üblichen Kollegen in grauen Anzügen, nur dass sie jetzt scheußlich bunte Krawatten und eine rote Pappnase trugen. Allerdings waren sie nicht wesentlich freundlicher als sonst.

Mein Büro war glücklicherweise unverändert; einer Polonaise der Kolleginnen konnte ich mich durch Flucht entziehen, und dann war Mittag, und ich durfte gehen. In der Bahn vergewisserte ich mich erst, dass es sich um eine musikfreie Zone handelte. Und dann kam die Station, an der ich in den Bus wechseln wollte. Ich traute meinen Augen nicht. Vor wenigen Stunden war dort business as usual im Kostüm, jetzt war die Hölle los.

Und kein Bus weit und breit. Auf meine Frage, wo der Bus bleibe, antwortete man mir mit einem gewissen Unverständnis: «Der Zoch kütt.» Nein, aus dem Zug kam ich ja gerade, ich wollte doch den Bus. «Der Zoch kütt.» – Ich suchte die Schuld bei mir, meine norddeutsche Aussprache war wohl nicht wirklich verständlich. Aber nein, ich bekam immer dieselbe Antwort – noch dazu mit so einem Glitzern in den Augen meiner Gegenüber.

Irgendjemand hatte schließlich Erbarmen und erläuterte mir offensichtlich Fremden, dass nun der Umzug stattfände und deshalb kein Bus fahren würde. Ich müsse dazu etliche Stationen weiter zu Fuß gehen, dort würde der Bus wieder fahren. Also kämpfte ich mich durch die Massen voran, wich hier dem Inhalt eines Kölsch-Glases aus, dort einem ungestümen Kuss-Versuch. Die «Eingeborenen von Trizonesien», so ein alter Karnevalsschlager, machten ihrem Ruf alle Ehre. In jeder Beziehung!

Ich erreichte schließlich unbeschadet und nach Bier stinkend meine Wohnung. Und beschloss umgehend, mich diesem Wahnsinn durch Flucht zu entziehen.

Inzwischen ist der Kulturschock einer Akzeptanz gewichen. Ich verstehe den Karneval nach wie vor nicht – das kann wohl auch nur, wer hier geboren und gut katholisch sozialisiert worden ist. Aber ich habe diese Kultur akzeptiert und als Teil meiner Umgebung auch lieb gewonnen. Ich beherrsche sogar die meisten kölschen Hits und kann sie mitsingen. Nur, bitte, verschonen Sie mich mit «Alles hat ein Ende, nur die Wurst hat zwei». Da bekomme ich nach wie vor Fluchtgedanken!

Öffentliche Unordnung

Es gibt so Gründe zur Aufregung, die man leider nicht beseitigen kann. Dazu gehört das gedankenlose Wegwerfen von Dingen in den Straßen. Auch wenn sich freundliche Menschen ab und an aufmachen, um in gemeinschaftlicher Aktion «aufzuräumen»; manchmal sieht es im Grün an Haltestellen und Straßenrändern aus wie bei den sprichwörtlichen «Hempels unterm Sofa».

Und wenn aus mir unerfindlichen Gründen immer wieder etliche dieser Elektroroller im Rhein landen, bedeutet das zwar ein paar Geräte dieser elektrifizierten Heimsuchung weniger, aber geholfen ist damit doch niemandem.

Nun gibt es ja für die Aufrechterhaltung der Ordnung das «Amt für öffentliche Ordnung». Eine Behörde. Und damit Teil der Stadtverwaltung. Die kümmern sich um so was. Also nicht um den Abfall, dafür gibt es ja einen anderen städtischen Betrieb. Das Ordnungsamt wacht über die Einhaltung von Vorschriften für die Außengastronomie und misst die Höhe von Blumenkübeln im Straßenbild. Es muss ja alles seine Ordnung haben.

Ich wohne in einer Straße, die keinen Durchgangsverkehr hat, weil sie eine Sackgasse ist. Das ist einerseits praktisch, weil so weniger Straßenlärm herrscht, andererseits kommen da auch meist nur die vorbei, die hier wohnen oder zu Besuch kommen wollen. Zu beiden Kategorien zählt das Ordnungsamt nicht. Deshalb werden hier gerne Fahrzeuge geparkt, die offiziell abgemeldet sind. Sieht ja keiner. Außer den Anwohnern.

Nun ist das Abstellen nicht angemeldeter Fahrzeuge nicht gestattet. Und da Parkplätze hier ohnehin rar sind, regen sich viele Anwohner darüber auf. Was tun? Man kann bei uns das Amt für öffentliche Unordnung, also für die Beseitigung dieses Missstandes, informieren. Eine Sache von wenigen Minuten, und man bekommt das Versprechen, dass in maximal zwei Tagen eine Antwort da ist. Und dann kommt tatsächlich so ein Fahrzeug vom Ordnungsamt und klebt auf die Windschutzscheibe einen orangen Hinweis, dass das Fahrzeug «unverzüglich» anzumelden oder zu entsorgen ist. Anderenfalls sorgt das Amt dafür. Also für die Entsorgung. Vom Auto und von den Sorgen der Anwohner. Hat halt alles seine Ordnung.

Und dann steht das abgemeldete Fahrzeug mit dem orangen Zettel da. Und steht da. Langsam wächst rechts und links Löwenzahn. Nach einem Monat fragt der erste Anwohner nach. Die Antwort kommt prompt. «Ihr Anliegen wird an die zuständige Fachabteilung weitergeleitet. Aus juristischen Gründen müssen wir dem Verursacher aber eine Frist einräumen. Das kann bis zu zwei Monaten dauern.» Echt jetzt? Zwei Monate? Warum?

So eine Antwort einer Behörde fordert ja geradezu zur Recherche auf. Tatsächlich haben Gerichte, zum Beispiel das Verwaltungsgericht München, in solchen Fällen geurteilt, dass man solche «Schrottfahrzeuge» nicht einfach abschleppen darf, sondern dass der ehemalige Eigner zu ermitteln ist und ihm schriftlich eine Frist zu setzen ist, innerhalb derer er dafür sorgen muss, dass das Fahrzeug entsorgt oder wieder angemeldet wird. – Okay, das klingt logisch. Von zwei Monaten steht da aber nix.

Nun besitzt das Fahrzeug mit dem orangefarbenen Aufkleber noch die alten Nummernschilder und sogar noch die grüne Plakette – beides also mit der ehemaligen Zulassungsnummer. Da sollte man meinen, dass es leicht sein müsste, den bisherigen Halter zu ermitteln. Insbesondere dann, wenn man an öffentlicher Ordnung interessiert ist und sogar mit Sanktionen gedroht hat.

Mag sein, dass in der Verwaltung das Faxgerät gerade kaputt ist, aber sooo lange braucht selbst die Post nicht. Auch nicht, wenn sie mit der Bahn käme …

Nach fast drei Monaten ein erneuter Versuch. Der Vorgang trägt im Internet den internen Vermerk «beauftragt/erledigt». Aber das Fahrzeug steht nach wie vor dort. Und nach wie vor mit dem Zettel des Amtes für öffentliche Unordnung, auf dem es heißt, dass das Corpus Delicti «unverzüglich» zu entfernen sei.

Also erneute Eingabe und wiederum ist tatsächlich nach zwei Tagen eine Antwort da. Ich zitiere wörtlich, weil man sich das ja auf der Zunge zergehen lassen muss: «Das Anliegen wurde schon übermittelt, und die zuständige Fachverwaltung kümmert sich derzeit um die Beseitigung des Mangels.»

Da kann man sich ja beruhigt wieder hinlegen. Unsere Verwaltung kümmert sich. Und das jetzt seit zweieinhalb Monaten. Gut – es hat bislang für uns nichts gebracht, außer dass der Vorgang weiterhin den Vermerk trägt «beauftragt/erledigt». Nur ist nichts erledigt, außer unserem Zutrauen in ein Amt für öffentliche Ordnung.

Nach etwa drei Monaten war plötzlich der Aufkleber vom Ordnungsamt von der Scheibe verschwunden, aber nur der Aufkleber – das Auto selbst stand weiterhin inmitten der inzwischen etliche Zentimeter hohen Grünpflanzen.

Aber nur wenige Tage später geschah das Wunder – das Fahrzeug war ... weg! Gelobt sei das Amt für öffentliche Unordnung, hatte es diese doch tatsächlich «unverzüglich» beseitigt. In NUR drei Monaten! Halleluja! Gepriesen sei die Verwaltung.

Nun ist mir auch klar, dass sich nur Kleingeister darüber aufregen, wenn bei öffentlichen Bauten zwischen Baubeschluss und Fertigstellung mehr als zehn Jahre liegen. Wahrscheinlich hatte der Stadtrat damals auf «unverzüglicher» Fertigstellung bestanden, und da sind zehn Jahre und eine Verdoppelung der Kosten ja inzwischen normal.

Also, wenn Sie demnächst eine Aufforderung bekommen, etwas «unverzüglich» zu erledigen, dann denken Sie daran – nur keine unziemliche Hast! Sie haben mindestens drei Monate Zeit!

Ein anderes Beispiel für die märchenhafte Effektivität deutscher Verwaltung, auf die wir ja so stolz sind, war und ist die Neuberechnung des Grundsteuerwerts. Da wurden Deutschlands Immobilienbesitzer, egal ob Wiese, Wohnung oder Haus, aufgefordert, dem Finanzamt Daten online zusammenzustellen, über die die Verwaltung längst verfügte. Nur eben in unterschiedlichen Behörden. Und diese verfügten wahrscheinlich untereinander noch nicht einmal über die jeweiligen Telefonnummern, und die Faxgeräte waren defekt. Also sollten doch gefälligst die Bürger den überarbeiteten Verwaltungsmitarbeitern die Arbeit abnehmen. Und zwar unverzüglich, denn es gab genau drei Monate Zeit bis zur Abgabe. Gut, leider kamen die Unterlagen alle zu spät, deshalb wurde das ganze um weitere drei Monate, also unverzüglich, verlängert.

Sie, liebe/r Leserin/Leser sind Mieter und glauben, ich übertreibe? Da wurde nach der Baufertigstellung gefragt – das Finanzamt erhebt seit Fertigstellung die alte Grundsteuer, sollte das also wissen. Da wird nach Wohnfläche gefragt – dem Grundbuchamt liegt eine Teilungserklärung vor. Man musste angeben, ob eine Wiese nach wie vor eine Wiese sei – das weiß der Bebauungsplan der Gemeinde. Ich könnte die Auflistung problemlos fortsetzen, will Sie aber nicht langweilen. Alle Infos, die der Besitzer nun digital zusammentragen musste, hat die Verwaltung bereits. Aber eben nur auf Papier, weil Digitalisierung für Deutschlands Verwaltung nach wie vor das Fremdwort ist, was es ja etymologisch auch ist.

Das World Wide Web gibt es seit 1987, aber noch vor zehn Jahren hat eine deutsche Bundeskanzlerin das Internet als «Neuland» bezeichnet, und die Politik hat es genau so behandelt. Viermal stand in jeder Regierungserklärung der Begriff vom «Ausbau der Digitalisierung» und passiert ist …

Aber da ist es ja gut, dass wir Älteren inzwischen Digital Natives sind und der armen überforderten Verwaltung unter die Arme greifen können. Vielleicht sollten wir zu einer Spendenaktion aufrufen – «Deutschlands Senioren, spendet für Computer in deutschen Amtstuben!» – Und zwar unverzüglich!

Ich gebe zu, diesmal habe ich mich wirklich aufgeregt! Denn man hat es uns auch wirklich nicht leicht gemacht, mit kühlem Kopf an diese Arbeit zu gehen. Die Fragen waren zum Teil so kryptisch formuliert, dass man sich richtig vorstellen konnte, wie sich ein Finanzbeamter mit Ärmelschonern zwischen seinen Papierbergen und dem Kohlepapier für die Durchschläge gedacht hat: «Denen werde ich es zeigen!»

Nur gut, dass es sogleich pfiffige Menschen gab, die im Internet Erklärvideos eingestellt haben. Aber das hat man in den Amtsstuben ja sicher gar nicht mitbekommen – wie denn auch und vor allem auf welchen Geräten? Adler-Schreibmaschinen verfügen ja nicht über einen Bildschirm.

Schon gut, ich rege mich wieder ab. Ich weiß ja, dass man seit zehn Jahren mit Hochdruck an der Gesundheitskarte arbeitet und dass man theoretisch online Termine im Einwohnermeldeamt bekommen kann – wenn es funktioniert. Und Rom ist ja auch nicht unverzüglich erbaut worden. Ist eben Neuland, da kann man als älterer Mensch ja auch mal unterstützen.

Schließlich kennen wir uns ja aus. Wir nutzen das Schmahtfohn, Onlein-Bänking, Wotts Äpp und Skeip wie selbstverständlich. Was bleibt uns anderes übrig, wenn wir uns nicht total abgehängt fühlen wollen? Gut, die Alternative wäre allenfalls noch ein Job in der Verwaltung...

Wer hat hier einen Knall?

Große Aufregungen zum Jahresende verursacht immer wieder das Thema «Feuerwerk». Viele Gemeinden haben die Knallerei zu Silvester sogar verboten, insbesondere dann, wenn in kleinen Dörfern Norddeutschlands noch Häuser mit Reetdach stehen. Das kann natürlich sehr gefährlich sein, sozusagen brandgefährlich. Aber auch große Städte haben nachgezogen, zum Beispiel Salzburg. Ich war gerade in der Stadt, als dort zum letzten Mal alle ihr privates Feuerwerk abfeuern durften. Danach gab es dann nur noch ein von der Stadt organisiertes auf der Burg. Aber an dem Abend wurde geknallt, als gäbe es kein Morgen. Viele Menschen standen an beiden Ufern der Salzach, dicht gedrängt, darunter auch Hunde, in deren Ohren die Chinakracher wie enorme Explosionen gewirkt haben müssen. Ob sich die Besitzer das gut überlegt hatten oder ... siehe oben?

Dabei kannte ich einen Hund, der Feuerwerk liebte. Ich war noch ein Kind, und in unserem Haus lebte eine ältere Dame im Erdgeschoss, die einen Boxer-Rüden besaß. Und der war an Silvester nicht zu halten. Er musste raus und liebte es, den Raketen zuzusehen. Und es war Tradition – immer, wenn sich dann draußen nach Mitternacht das Feuerwerk beruhigte, kam er zu uns in den zweiten Stock geschossen, wo ich ihn schon erwartete. Dann setzte er sich brav, und ich zündete zwei Wunderkerzen an.

Und völlig fasziniert sah er dem Funkenregen zu, danach trollte er sich wieder. Für ihn war Silvester abgehakt.

Inzwischen haben sich die Feuerwerke ja auch verändert. In der Pandemie sind viele Großfeuerwerke den Einschränkungen zum Opfer gefallen, etwa bei Kirmesveranstaltungen oder «Rhein in Flammen» und die «Kölner Lichter». Bei diesen Ereignissen kann man immer nur hoffen, dass die Messstellen für Feinstaub in den Städten danach nicht entnervt ihren Dienst einstellen, denn was da tonnenweise an Staub-Schwaden erzeugt wird, dämpft ja sogar das Licht von Straßenlaternen.

Auch das Feuerwerk in meiner Kindheit, von dem ich oben erzählte, ist mit dem heute nicht mehr vergleichbar. Ich weiß nicht, ob der Boxer daran heute noch Spaß hätte. Feuerten wir damals die Raketen einzeln aus einer mitgebrachten leeren Flasche ab, so gibt es heute «Bloody Blue», eine Batterie mit 49 Schuss, die genau solchen Lärm macht, wie der Name martialisch ist. Das Bombenrohr «Checker Cracker» trägt einen Totenkopf auf der Verpackung, was schon einiges aussagt. Und wenn ich früher die kleinen «Piepmansche» entzündete, war deren Krach im Vergleich zum kubischen Kanonenschlag «Donnerschlag» kaum hörbar.

Wenn ich dann Neujahr morgens zum Bäcker gehe, sieht man die Folgen dieser nächtlichen Ruhestörung so deutlich, als hätte einen der Donnerschlag getroffen. Überall liegen die Reste von Bloody Blue und Co, stehen die Kartons der Raketenbatterien. Da waren unsere leeren Flaschen umweltfreundlicher und wurden wieder mitgenommen. Es ist wirklich nichts dagegen einzuwenden, das neue Jahr lautstark zu begrüßen, aber muss man es gleich erschrecken?

Wobei die Knallerei ja nicht erst in der Silvesternacht geschieht, sondern sobald die Läden diese neuen Lärmbelästiger anbieten dürfen, also meist so zwei, drei Tage vorher.

Natürlich weiß ich nicht, ob die Ungeduldigen einfach das alte Jahr durch Lärm verjagen oder dem neuen Jahr eine Chance geben wollen, sich noch mal zu überlegen, ob es sich diese Menschen wirklich antun will – Hauptsache, Krach.

«Der Mensch hat», so schreibt Kurt Tucholsky, «zwei Leidenschaften – nämlich Krach zu machen und nicht zuzuhören». Ersteres kann man an den zwei Tagen vor Silvester erleben, das zweite an den übrigen 363 Tagen. Wobei die letzte Eigenschaft auch Ende Dezember hilfreich sein kann, um die Detonationen vom Donnerschlag zu überhören – sofern das möglich ist. Natürlich ist das zu frühe Böllern verboten, aber da hat jemand eben entweder nicht zugehört, oder draußen ging gerad ein Donnerschlag hoch.

Die Böllerverbote in den Jahren 2020 und 2021 hatten durchaus Wirkung gezeigt. Die Krankenkasse Barmer hat ihre Abrechnungsdaten von Silvester und Neujahr in den beiden Jahren ausgewertet und veröffentlicht. Danach gab es bundesweit 41 bzw. 23 Prozent weniger Notfallbehandlungen in den beiden Jahren als in den böllerreichen Jahren davor. Natürlich kann man nicht alle Notfälle dem Feuerwerk in die Schuhe schieben, aber der Trend ist dennoch eindeutig.

Bei den Krachliebhabern leider auch. «Es zeichnet sich ab, dass die Nachfrage höher denn je ist», so wird der Vorsitzende vom Verband der Knallerei in einem Interview im Kölner Stadtanzeiger zitiert. Und er berichtet von einer Auftragslage im Online-Handel, die kaum zu bewältigen sei. Nach seiner Meinung schafft das Feuerwerk es «wie keine andere Unterhaltungsform, mit Emotionen zu spielen». – Da mag er recht haben, denn Aufregung ist ja auch eine Form der Emotion. Und ich verweise erneut auf den Titel dieses Kapitels.

Und die Bilanz des Jahreswechsels 2022/23? In Berlin, Hamburg, Essen, Bochum und in Bonn wurden Feuerwehr und Einsatzkräfte mit Feuerwerkskörpern attackiert, als sie Brände löschen wollten. In Bonn sprach die Polizei von einer «einsatzintensiven Nacht». In Düsseldorf gab es zwei Großbrände, und in Köln räumte die Straßenreinigung nach eigenen Angaben über 100 Tonnen Müll beiseite. Der WDR meldete zehnmal so viele Autobrände wie sonst in einem Jahr, und das Klinikum Münster sprach von einem signifikanten Anstieg von Verletzungen an Armen und Beinen und im Gesicht.

Also wer hat hier nun einen Knall? Und da soll man sich nicht aufregen …

Also, ab jetzt wird alles anders

Auch so ein Klassiker – gute Vorsätze. Lauter gute Ideen, die meist den 2. Januar nicht überleben. Dabei meine ich es wirklich gut und bin auch fest entschlossen. Zumindest noch an Silvester. Aber dann ist man Neujahr so müde, und am 2. Januar denke ich mir: Was kümmert mich mein Geschwätz vom letzten Jahr?

Aber diesmal wird alles anders. Ich werde meinen inneren Schweinehund überwinden. Bestimmt! Wenn ich nur noch wüsste, was ich mir vorgenommen habe ... Sicher wollte ich mehr Ordnung halten. Das sollte ich mir unbedingt aufschreiben. Aber wo ist der verdammte Taschenkalender hin? Und wo ist die Brille? Ach so, die habe ich auf.

Oder war es doch die Sache mit dem Putzen? Ich gestehe – ich bin nicht wirklich ein begeisterter Hausmann. Staubwischen finde ich lästig, mit meinem Staubsauger hingegen bin ich sehr auf du und du – ich glaube, ich erwähnte das bereits. Und feucht durchwischen ... das ist bestimmt nicht gesund. Feuchtigkeit erzeugt doch Rheuma. Oder so.

Natürlich werde ich unbedingt einen aufwendigen Frühjahrsputz machen, das muss sein. Hatte ich mal irgendwo gelesen. Aber es hat ja wohl Gründe, warum nur einmal im Jahr Frühjahr ist. Ehrlich, Sofas von der Wand rücken, was für eine im wahrsten Sinne des Wortes verrückte Idee. Wer weiß, was man dahinter findet? Vielleicht den Taschenkalender? Und überhaupt – Spinnen wollen doch auch leben. Außerdem fangen sie Mücken.

Und dann sollte ich unbedingt weniger trinken. Also nicht generell, das wäre ja wieder ungesund, gerade im Alter soll man ja viel trinken, heißt es. Nur eben nicht unbedingt diesen absolut leckeren Rosé, von dem ich unbedingt noch eine Kiste bestellen muss. Müsste ich mir aufschreiben. Kann ja auch ein Glas Wasser dazu trinken, wenn es denn nicht anders geht. EIN Glas Wasser, wohlgemerkt.

Also mehr Sport kann es nicht sein, denn das mache ich ja schon. Samstags die Bundesliga im Fernsehen, jetzt die ganzen Wintersport-Übertragungen, da bleibt ja kaum noch Zeit. Klar, ich gehe ja auch ab und an zum Schwimmen – jawohl, ich schwimme selbst und lasse nicht schwimmen. Außerdem spiele ich Badminton, wobei ich mich immer furchtbar aufrege, wenn jemand dann sagt: «Ja, Federball ist lustig!» Badminton ist KEIN Federball, sondern Hochleistungssport. Zumindest wenn andere es spielen. Dann ist es sogar olympisch. Gut, bei mir manchmal nur unterirdisch. Also noch mehr Sport kann es wirklich nicht sein.

Ja, vielleicht sollte ich mehr spazieren gehen. Die berühmten zehntausend Schritte am Tag. Ich habe sogar einen solchen Schrittzähler, aber den setze ich nicht mehr ein, denn ich bin der festen Überzeugung, dass er falsch zählt. Immer zu wenig.

Ist gar nicht so einfach mit den guten Vorsätzen, wenn

man sie sich nicht aufschreibt, weil der Kalender gerad nicht zur Hand ist.

Hmmm ... ich würde mir ja gern vornehmen, meine negativen Charaktereigenschaften zu ändern, wenn ich denn welche hätte. Gut, das war jetzt wieder einer meiner (nicht bei allen) beliebten Kalauer. Vielleicht sollte ich die weglassen? Ach nee, dann wäre das Leben weniger lustig – zumindest für mich, meine Umwelt wäre eventuell sogar dankbar. Aber auf Einzelschicksale kann man eben keine Rücksicht nehmen.

Vielleicht sollte ich mir vornehmen, in diesem Jahr Dinge zu tun, die ich immer schon einmal tun wollte. Stellen Sie sich folgende Situation vor: Sie sitzen in einer vollen Straßenbahn, aber neben Ihnen ist ein Platz frei. Den besetzt nun ein junger Mann, obwohl eine ältere Person dadurch stehen muss. Dann nicht aufregen, sondern stur geradeaus schauen und dem jungen Mann ganz ernst und leise, für die Umstehenden aber durchaus vernehmbar, zuzischeln: «Und? Haben Sie das Geld in kleinen Scheinen dabei?» – Bis jetzt habe ich mich nicht getraut, ich weiß ja nicht, wie scharf die Notbremsen sind.

Okay, ich könnte mir vornehmen, ein Buch zu schreiben, aber wer kommt schon auf so eine Idee?

Welcher gute Vorsatz war es denn nun noch mal, den ich mir vornehmen wollte?

Jetzt fällt es mir wieder ein! Ich habe mir vorgenommen, mir dies Jahr nichts vorzunehmen, einfach um mich nicht irgendwann über mich selber aufzuregen, weil es wieder nicht geklappt hat, den guten Vorsatz einzuhalten. Ich finde, das ist der beste Vorsatz von allen.

Vorausgesetzt, dass ich ihn nicht wieder vergesse.

Ist KI wirklich immer intelligent?

KI steht nicht als Abkürzung für «Kann Ich», sondern für Künstliche Intelligenz – für manche allein schon ein Begriff, über den sie sich künstlich aufregen können. Und dabei sind wir von ganz viel KI umgeben, oft ohne es sofort zu bemerken. Ich hatte neulich mal wieder ein Auto gemietet und bekam von dem Verleihunternehmen meines Misstrauens (Sie erinnern sich? Sonst noch mal nachlesen in «Frechheit siegt») ein Upgrade – funkelnagelneues Modell. Das konnte den Abstand zum vorausfahrenden Fahrzeug berechnen und bremste mich automatisch aus, das protestierte bei Spurwechseln und nervte auch sonst ständig mit lauter intelligenten Hinweisen.

An die sogenannten Bots in Callcentern haben wir uns mehr oder weniger gewöhnt, das sind diese automatischen Sprechmaschinen, die echte Menschen ersetzen. Und die kommunizieren eben auf ihre Weise. Übrigens hat man mal zwei Bots dazu gebracht, miteinander zu kommunizieren. Das Ergebnis war ein totaler Flop, binnen Kurzem gab es nur unverständliches Kauderwelsch untereinander. «Also wie üblich bei Callcentern», könnten Sie jetzt sagen. Und ich würde Ihnen nicht widersprechen, also gäbe es da kein Grund zur Aufregung.

Wo Sie gerade sagen «Roboter» – es gibt von dem großen amerikanischen Spielzeughersteller Mattel, dem wir ja auch die Segnung der Barbiepuppe verdanken, jetzt einen elektronischen Babysitter. Der heißt «Aristotle», weil sich Aristoteles ja nicht mehr dagegen wehren kann, dass man mit seinem Namen Unfug treibt. Aristotle kann wie ein Babyfon arbeiten, aber nicht nur das. Er erkennt, ob ein Babygeräusch fröhlich oder weinerlich ist und spielt entsprechend beruhigende oder lustige Musik. Er kann Geschichten vorlesen, was eigentlich die Aufgabe von Eltern wäre, aber wer liest heute schon noch. Sie, verehrte/r Leserin/Leser sind da die löbliche Ausnahme.

Aristotle meldet den Eltern rechtzeitig, wenn der Windelvorrat zu Ende geht, und er kann im Schmaht Home automatisch die Raumtemperatur regulieren. Ein echter Tausendsassa, und man kann kleinen Kindern ja auch nicht früh genug die Segnungen der künstlichen Intelligenz vermitteln, besonders wenn man ein Hersteller von elektronischem Spielzeug ist.

Und bei Spielzeug fällt mir dann auch sofort «Alexa» ein, und das ist wirklich ein in jeder Hinsicht aufregendes Beispiel von künstlicher Intelligenz. Ich wurde neulich Zeuge eines Dialoges zwischen Alexa und ihren ganz und gar nicht künstlichen Nutzern, der die Frage von Intelligenz anschaulich definierte.

Für die Glücklichen unter Ihnen, die Alexa nicht kennen: Alexa ist quasi ein elektronischer Butler bzw. eine Butlerin vom Versanddienstleister Amazon, die auf Anforderung lauter Dinge erledigt, die man auch selbst problemlos und meist mit weniger Aufwand erledigen könnte. So machte Alexa zum Beispiel auf die Aufforderung: «Alexa, mach das Licht in der Küche an!» doch tatsächlich das Licht in der Küche an, was man aufgrund des dort angebrachten Schalters ohne unüberwindbare Schwierigkeiten selbst machen könnte. Aber wozu hat man Weh-Lahn.

Hier nun der Dialog.

Aufforderung: «Alexa, spiel ‹Huusmeeister Kaczmarek› von den Bläck Fööss!» *(Eine Kölner Musikgruppe, die im kölschen Dialekt singt und dort sehr beliebt ist.)*

Alexa: «Musik der Bläck Fööss finden Sie bei Amazon Music!» Und dann spielt sie irgendein Lied der Bläck Fööss.

Aufforderung: «Alexa, ‹Huusmeeister Kaczmarek›!»

Alexa: «Kaczmarek ist ein polnischer Name, der dort sehr häufig vorkommt. Er wird abgeleitet von ...»

Aufforderung *(lauter)*: «Alexa, aus!»

Alexa: «Ich verstehe Sie nicht.»

Aufforderung *(sehr laut)*: «Alexa, ‹Huusmeeister Kaczmarek› von den Bläck Fööss!»

Alexa: «Sie müssen sich erst über die Äpp bei Amazon Music anmelden.» Danach spielte sie eine absolut falsche Musik, die eher amerikanischem Country Sound ähnelte.

Aufforderung: «Alexa, aus!»

Alexa verstummt.

Aufforderung: «Alexa, hast du noch alle Tassen im Schrank? Du hast doch einen Sockenschuss!»

Alexa: «Bitte definieren Sie Sockenschuss!»

Fassungslose Stille.

Nun frage ich Sie – wäre es nicht eventuell schneller gegangen, wenn man selbst zum CD-Player geeilt und dort die Bläck-Fööss-CD eingelegt hätte, die man schnell findet, weil sie natürlich unter «B» steht und uns sofort den entsprechenden Titel abspielt?

Und ist es wirklich ein Zeichen von Intelligenz, künstlicher oder ungekünstelter, wenn sich Mensch und Maschine streiten?

Oder sich gar gegenseitig übereinander aufregen?

Sehen Sie!

Horoscope

Ja, ich weiß, dass man das eigentlich «Horoskop» schreibt, aber ich habe bewusst die englische Fassung gewählt. Nicht wegen des alten Pop-Hits des schwedischen Sängers Harpo, sondern weil ich ja jetzt Zeit habe und meinen jugendlichen Schreibstil trainiere.

Ich hatte nämlich vor einiger Zeit einen Auftrag für eine äußerst hippe Zeitschrift, die schon seit über 50 Jahren existiert und für die ich das Drehbuch für eine Preisverleih…, Verzeihung, für einen Award schreiben sollte.

Wobei diese Zeitschrift eben hip ist, was man so am Inhalt nicht unbedingt bemerkt. Und da wurde mir bedeutet, dass mein Stil etwas zu altbacken sei, es brauche mehr Englisch, ich müsse jünger und cooler werden. Ich. Mit über 70. Also gut, Mann ist ja lernfähig.

Und um das zu trainieren, schreibe ich jetzt Horoskope für Youngster. Das macht Spaß und verpflichtet zu nichts, denn es glaubt ja ohnehin kein Mensch, was in diesen Horoskopen steht. Ich würde ja auch Texte für Glückskekse schreiben, aber die müssen leider nicht cool, sondern hauptsächlich kurz sein. Das fällt also flach.

Das nachfolgende Horoskop kann eigentlich für jedes Sternzeichen gelten, setzen Sie also einfach Ihr Geburtszeichen ein, ich habe jetzt mal stellvertretend irgendein Tierkreiszeichen gewählt. Sie werden sehen, auch für Sie ist die richtige Aussage dabei.

Dein Jahreshoroskop 2023–2024–2025
und überhaupt

Feldhamster

Hello, Year of Love! Mit Glückspilzin Venus startet dein Jahr als Feldhamster in der 1. und 2. Decade sensational. Der Kosmos und dein Jahreshoroskop halten einen romantischen Blockbuster für dich bereit, in dem du Main Actor oder Actress bist. Ob Date im Rosenmeer und bei Candlelight, ob Sexting oder Naked Lunch: Du verführst dein Babe auf viele verschiedene Arten. Als Single-Feldhamster bist du in diesem Jahr mittendrin im Flirt-Game und heiß begehrt im Dating-Dschungel. Knutsch-Quickie oder Relationship – du bist dir noch nicht sicher? Musst du auch gar nicht, denn das entscheidest du später. Erst einmal genießt du als Feldhamster das Feeling «everything can happen».

Im April ist dir als Feldhamster alles zu lame. Ob Sunshine in Nepal oder die spektakulärste Home-Party aller Zeiten: Du willst sofort damit starten. Doch dein Soulmate zickt, weil er/sie sich von dir überrumpelt fühlt. Also, lieber Feldhamster der 3. Decade, switch lieber einen Gang runter, dann herrscht schnell wieder Frieden im Lovebird-Paradise. Im Mai/Juni ist der Mund nämlich nicht zum Rumpalavern da, sondern für ausgiebige Kuss-Sessions. Pegging oder Orgasmic Meditation: Du lebst dich zwischen den Laken aus – Body Talk ist dein Favorite für Hot Nights und verpasst eurem Sex-Life einen Magic Touch …

Doch das ist noch nichts gegen die Zeit, die dein Horoscope nach einem Summer-Interval in der Second Half für dich bereithält.

Dann nämlich wandern Mars, Bounty und Twix als Trio Infernale durch deine Feldhamster-Decade und übergießen alles mit einer dicken Schicht aus Extra Creamy Milk Chocolate. Alles fühlt sich einfach gut an, und du tanzt ultra in Love in den Advent hinein. Märchenhaftes Snowboard-Weekend zu zweit, chillen vor dem Kamin und vielleicht sogar Aussicht auf Honeymoon an Weihnachten? Das Feldhamster-Jahr wird megaemotional.

Jobmäßig startet das Jahr im Schlaftabletten-Modus, danach bist du dann aber topfit. Die Formel im Excel-Sheet will einfach nicht so wie sonst funktionieren? Egal, Merkur pusht alle Feldhamster, mal «outside the box» zu denken, wenn Schema F dich nicht weiterbringt, und so rockst du das Ding dann trotzdem.

Der Slogan aller Feldhamster: «Communication ist King.» Gute Meetings inspirieren dich und geben frischen Input, der dich weiterbringt. So bekommen deine Projekte wieder Drive und werden zu deinem Karriere-Booster. Jeder Feldhamster kann Meetings mit smarten Argumenten pushen, aber auch mit easy Small Talk für Feel-Good-Stimmung sorgen. Der Planet Snoopy im Kommunikationshaus deines Jahreshoroskops gibt deinem Business-Talk die nötige Power.

Sie denken, das sei übertrieben? Nein, ich habe mich ganz vieler Versatzstücke bedient, die ich in Dutzenden solcher Horoskope gefunden habe. Man könnte sich höchstens darüber aufregen, dass so ein Schwachsinn gedruckt wird. Aber wo bleibt dann der Spaß?

Und woher sollen Feldhamster denn sonst wissen, wie ihr Jahr werden wird?

Lagerfeuer

Früher hat man die große Samstagabend-Show im Fernsehen oft mit einem Lagerfeuer verglichen, um das sich die ganze Familie versammelt hat. Und solange es nur ARD und ZDF gab, stimmte das Bild auch. Mit dem Aufkommen des kommerziellen Fernsehens hat sich das verändert, und heute glimmt das Lagerfeuer für viele allenfalls nur noch schwach vor sich hin.

Natürlich waren diese Sendungen schon immer auch ein Quell für Aufregung und Ärgernis für die einen, für Spaß und Unterhaltung für die anderen. Eines dieser Show-Programme taugte für beide Aspekte ganz besonders: Der «Grand Prix Eurovision de la Chanson», der heute «Eurovision Song Contest» heißt. Ich bin sicher, dass Sie damals auch irgendwann zu den Zuschauern gehört haben, schon weil es sonst nicht viele Alternativen gab. 1956 wurde er zum ersten Mal ausgetragen, allerdings kann ich persönlich mich nicht daran erinnern – nicht weil ich zu jung war, sondern weil wir zu Hause damals gar kein Fernsehgerät besaßen. Die Schauspielerin und Sängerin Margot Hielscher besang damals das «Telefon, Telefon», auch ein Gerät, das zu diesem Zeitpunkt noch nicht in jedem Haushalt vorhanden war. Kann man sich heute gar nicht mehr vorstellen.

Beim «Grand Prix», wie man ihn vereinfacht nannte, musste damals in der Landessprache gesungen werden, ein Orchester begleitete den Live-Gesang, und auf teure Bühnenbilder oder Lichteffekte wurde konsequent komplett verzichtet, denn es war ein Musikwettbewerb, es ging um den Song und um nichts anderes. Die Interpreten sangen so ernst und andachtsvoll, als wären sie in der Kirche, die Kameraführung verzichtete ehrfurchtsvoll auf jeden Schnitt – heute sieht das fast komisch aus.

Und doch war diese Show von Beginn an unglaublich wichtig, weil sie Europas Länder zusammenschaltete und damit auch Deutschland wieder in Europa integrierte. Schon damals wurde genau darauf geachtet, welches Land wem welche und wie viele Punkte brachte – wobei diese Wertung so geschah, dass die Moderatoren in jedem Land per Telefon eine Jury anriefen, die dann – funktionierende Telefonleitung vorausgesetzt – diese Punkte vergab. Und wehe, Deutschland bekam zu wenige davon – dann rauschte es aber tagelang im Blätterwald. Dieser Punkt hat sich über die Jahrzehnte nur unwesentlich geändert, auch wenn heute niemand mehr die Stimmabgabe per Telefon vollzieht.

Und was damals auch anders war – der «Grand Prix» schuf noch Hits und Karrieren, wir erinnern uns an «Waterloo» 1974 mit Abba. Dabei mussten diese Titel oder ihre Interpreten nicht einmal gewinnen. Die Gewinnertitel von 1958 kennt heute keiner mehr, aber den drittplatzierten Song «Volare» kennt man bis heute. «L'amour est bleu», damals von Vicky Leandros auf den zweiten Platz gehoben, wurde als «Love Is Blue» ein internationaler Erfolg, und die Platzierung auf den hinteren Plätzen hat weder Siw Malmkvist noch Rudi Carrell wirklich daran gehindert, später zu großen Stars zu werden. Auch Céline Dion startete ihre Weltkarriere 1988 beim «Grand Prix», ohne zu gewinnen.

Meine Erinnerung an den «Grand Prix» beginnt Mitte der Sechzigerjahre, als France Gall die «Poupée» besang, Udo Jürgens sich bei seinem «Chérie» bedankte und Sandie Shaw barfuß die «Puppets on a String» tanzen ließ. Da hatte die Popmusik bereits Einzug gehalten, von Chanson konnte nicht mehr wirklich die Rede sein. Und die Show wurde, obwohl für uns noch in Schwarz-Weiß, auch optisch langsam aufwendiger.

Es gab – große Neuerung – einen Chor aus maximal drei Personen, und mit Aufkommen des Farbfernsehens in Deutschland wurde das Bild auch bunter – im wahrsten Sinne.

Sie erinnern sich an die Mode Ende der Sechzigerjahre, Anfang der Siebziger? An Nyltest-Hemden und die ersten Acryl-Pullover? Oh ja, man konnte bei manchen Auftritten den Schweiß förmlich riechen. Da war Vicky Leandros' Auftritt 1972 schon fast eine Reminiszenz an alte «Grand Prix»-Zeiten, als sie mit «Après toi» für Luxemburg gewann – ganz in Schwarz und ganz hochgeschlossen.

Meist traten die Sängerinnen und Sänger nämlich nun auf wie bunte Bonbons oder Pralinenschachteln – farbenfroh, schrill, mit Schlaghosen, im blauen Plüschoutfit oder etwa wie Cliff Richard in knallbunten Anzügen. Ich hatte damals mit ein paar Schulfreundinnen und -freunden immer eine feste Verabredung zum Grand Prix. Wir trafen uns vor dem Fernseher, feierten und ... lästerten. Die Musik war uns häufig ziemlich egal, es ging um die Show. Ein Born der Freude waren meist die Auftritte der Vertreter von «Malta» – häufig waren es Duos mit belanglosen Liedern, aber deren Kostüme waren oft so abenteuerlich, dass wir alle aus dem Lachen nicht mehr herauskamen.

Aber Aufregung gab es natürlich auch. Zum Beispiel als es 1969 plötzlich vier Sieger gab, weil alle vier punktgleich waren, denn es gab ja nur die Stimmen der Fachjurys der Länder. Und niemand war offensichtlich auf so einen Fall vorbereitet. Dagegen war die Aufregung um den intellektuell anspruchsvollen Siegertitel des Vorjahres 1968 schnell vergessen. Dessen Text hieß übrigens «La la la» – was original Spanisch war.

1975 kam dann die Revolution – die berühmten «Zwölf Punkte» wurden eingeführt, und die «Douze Points» wurden sprichwörtlich, nicht nur durch Hape Kerkelings unvergessene Parodie. Ab da wurde für uns die oft stundenlange Punktevergabe mindestens so lustig und unterhaltsam wie die eigentliche Show vorher, und der deutsche Kommentator Peter Urban wurde mit seinen spöttischen Kommentaren unser Heroe. Und auch lange nach Beendigung der Schulzeit blieb das Treffen zum «Grand Prix» ein fixer Termin im Kalender. Wir erlebten alle Veränderungen live mit – wie aus dem Dreierchor ein Viererchor wurde, wie die ersten Bands kamen und wie – große Aufregung – 1997 die Live-Begleitung durch das Orchester abgeschafft wurde.

1985 gab es beinahe einen kollektiven Herzstillstand, als die Moderatorin Lill Lindfors mit ihrem Abendkleid an der Dekoration hängen blieb und der Rock abriss. Sie stand plötzlich untenrum nur noch im Höschen da, aber dann löste sie einen Knopf, und ein neues Unterteil wallte an ihr herunter. Allgemeines Aufatmen, rasender Applaus und von dem Jahr an gehörten rasante Kostümwechsel aller Art zum Pflichtprogramm der Show.

Und wir durchlebten und erlitten mit, wie der «Grand Prix» zum «Song Contest» wurde, wie Europa sich musikalisch um Israel, Jordanien und Australien erweiterte, wie 1998 und in den Folgejahren die Spaßfraktion von Guildo Horn, Stefan Raab und einem irischen Truthahn die Bühne besetzte und wie Heavy-Metal-Bands wie Lordi den Wettbewerb gewannen, deren Musik mit «Chanson» wirklich so überhaupt nichts mehr zu tun hatte.

Irgendwann war dann auch für mich das Lagerfeuer erloschen. Zwar treffen meine Freunde sich nach wie vor zum kollektiven «ESC-Gucken» inklusive Siegerwette, aber ich konnte mich nicht einmal mehr aufregen; zu auswechselbar waren für mich die meisten der Beiträge geworden.

Nicht nur, weil die meisten Songs inzwischen in englischer Sprache dargeboten wurden, sondern auch, weil die Show selbst, das «Wie», immer wichtiger wurde als das «Was». Noch mehr Licht, noch mehr Effekte, noch mehr Bühnentricks. Für mich war das wie Zuckerwatte – sah nett aus, aber hatte keinen Nährwert.

Und nicht einmal die Tatsache, dass die deutschen Beiträge nach Lenas Sieg mit «Satellite» seit 2010 fast alle nur noch hintere Plätze erreichten, taugte noch zur Aufregung – schon gar nicht zu meiner.

Irgendwie schade, aber jedes Lagerfeuer hat wohl seine Zeit und geht irgendwann aus.

Ist wirklich ganz einfach!

Immer wieder hört und liest man, dass wir Deutschen zu faul sind, die Anbieter von Dienstleistungen zu wechseln, auch wenn wir damit Geld sparen könnten. Egal ob Stromanbieter, Versicherungen oder Telefonunternehmen. Einmal einen Vertrag abgeschlossen – und dabei bleibt es. Und wenn die Tarife erhöht werden, dann regen wir uns eben mal kurz auf, und das war es dann. Dabei sei der Wechsel doch wirklich ganz einfach und unkompliziert!

Also beschloss ich, die Probe aufs Exempel zu machen, denn Faulheit möchte ich mir nicht nachsagen lassen. Beim nächstmöglichen Wechseltermin suchte ich mir ein neues Angebot für mein Schmahtfohn. War wirklich einfach, kurz die Suchmaschine aktiviert und das Passende gefunden.

Ich rief die auf der Webseite angegebene Hotline an und wurde auch tatsächlich nach etwa zehn Minuten mit akustischer Dauerberieselung durchgestellt. Mein Test, ob es sich am anderen Ende eventuell um eine der derzeit so heiß diskutierten künstlichen Intelligenzbestien handelte, ergab schnell, dass dem definitiv nicht so war. Also ob «Bestie», das konnte ich am Telefon nicht beurteilen, aber intelligent ... Eher nein.

Ich beschrieb mein Anliegen, dass ich einen Neuvertrag abschließen wolle, und wurde zunächst nach meiner Kundennummer gefragt. Mein dezenter Hinweis, dass ich ein Neukunde sei, daher also auch noch keine Kundennummer hätte, löste am anderen Ende kurze Verwirrung aus. Ich wollte mich schon dafür entschuldigen, da aber tat er das und erläuterte mir, dass er erst seit Kurzem dort arbeiten würde.

Nun gut, jeder fängt mal an, da bin ich großzügig, und geduldig ließ ich mich von ihm durch sein Formular führen. Ich buchstabierte meinen Namen mehrfach – «Entschuldige, wie noch mal? Das war zu schnell» – und sah freundlich darüber hinweg, dass ihm «Köln» nichts sagte. Ich wiederholte problemlos viermal meine Postleitzahl, weil darin eine Zahl doppelt auftaucht – das stellte den jungen Mann vor außerordentliche Probleme. Was sollte ich mich aufregen, dadurch ging es ja auch nicht schneller.

Diese Annahme erwies sich dann bei der Durchgabe meines Geburtsdatums als völlig richtig, denn offensichtlich war es für den jungen Kollegen völlig undenkbar, dass jemand im vorigen Jahrhundert geboren sein könnte. «Ehrlisch – hätte Ihnen zwanzig Jahre jünger geschätzt, ich schwör!» – So ein sympathischer junger Mann, ich glaubte ihm aufs Wort.

Und wirklich, es hatte kaum eine halbe Stunde in Anspruch genommen, da war es vollbracht. Er gab mir ein Online-Kennwort und wies mich darauf hin, dass ich in den nächsten zwanzig Minuten «maximal» eine Mail bekäme, in der alle Details aufgelistet seien und die ich nur bestätigen müsse. Dann wäre alles erledigt. Ist wirklich ganz einfach.

Nun ja, nicht ganz …

Die Minuten verrannen, ziemlich maximal. Und keine Mail kam. Nicht nach zwanzig Minuten, nicht nach zwei Stunden, nicht nach einem halben Tag. Ich beschloss, dem überaus freundlichen jungen Mann noch eine Chance bis zum nächsten Tag zu geben und machte den Computer aus.

Am nächsten Morgen und später gegen Mittag war die Lage unverändert. Okay, dachte ich mir, dann rufe ich ihn noch mal an. Diesmal hatte ich einen anderen Kollegen am Telefon, der mich an eine andere Nummer verwies, nachdem ich ihm mein Anliegen geschildert hatte. Ich fragte, warum, er antwortete, dass er meinen Namen «im System» nicht finden könne, daher sollte ich mein Glück bei einer anderen Abteilung versuchen. Nun ja, dachte ich mir, ist ja ganz einfach.

Die nächste Hotline nervte mich auch nur kurz, dann kam ein weiterer junger Mensch ans Telefon. Wenn das so weitergeht, lerne ich die gesamte Belegschaft kennen, dachte ich so bei mir und schilderte erneut mein Anliegen. Das kam mir jetzt sehr flüssig über die Lippen, wie auswendig gelernt. Ja, was Übung nicht alles vermag.

Der Mitarbeiter durchsuchte offensichtlich seinerseits seine künstliche Intelligenz und stellte fest, dass der junge Mann von gestern mich tatsächlich nicht «im System» angelegt hätte. Dass ich im hohen Alter noch zum Systemsprenger werden könnte, hätte ich auch nicht vermutet. Allein dafür hat sich das doch schon gelohnt.

Der nette Kollege bot mir an, den Antrag erneut gemeinsam auszufüllen. Wäre ja ganz einfach! Nun ja, ich hatte ja Übung, und also ging alles noch mal von vorne los. Diesmal auch etwas flüssiger, weil sich zwei Menschen offensichtlich in ihrer Mutter- oder Vatersprache verständigen konnten. Am Ende wurde ich darauf hingewiesen, dass ich diesmal eine Mail UND eine SMS bekäme, das sei eine zweifache Sicherung. In der SMS wäre ein Code, den ich dann im Internet eingeben müsse, dann käme ich auf den Vertrag, den ich durchlesen und bestätigen solle.

Zweifache Sicherung klang gut, und der Telefon-Joker sagte: «Jetzt ist die SMS raus!» - Pause. «Und?» - Ich fragte: «Und was?» - «Ist sie schon da?» - «Nein, noch nicht.» - «Komisch.» Pause. «Immer noch nicht?» - «Nein!» - «Das gibt es doch nicht!» - «Offensichtlich doch.» Ich schaute in meinem Mailpostfach nach. «Also die Mail ist da, aber die wollen den SMS-Code von mir. Und der ist nicht da.» - «Ich schick sie noch mal raus.» Pause. «Und jetzt? - «Das Ergebnis ist vom vorherigen mit bloßem Auge nicht zu unterscheiden.» - «Wie bitte?» - «Ich meine, nein!» - «Komisch ...»

Nun war mein Humorzentrum diesmal davon nicht wirklich berührt, und das musste er gespürt haben, denn er sagte mir: «Das hatte ich noch nie.» - Ich antwortete: «Ich auch nicht.» Aber dieser zweifellos fast schon ins Psychologische lappende Dialog führte uns auch nicht wirklich weiter.

«Haben Sie denn den Code nicht in Ihrem Rechner? Dann lesen Sie ihn mir vor, und ich gebe den gleich im Netz ein», war mein pragmatischer Vorschlag. «Geht leider nicht, ich sehe den gar nicht, den generiert die KI von sich aus.» Da war sie wieder, die künstliche Intelligenz, über die ich mich gerade künstlich aufregen wollte, da hörte ich seine Frage: «Haben Sie noch einen zweiten Telefonanschluss?» – Ich hatte nicht, gab ihm dann aber die Nummer meines Freundes Wolfgang, den ich gleich anrufen wollte. Wenn der den Code bekäme, könnte er mir den vorlesen.

Das erschien uns als Königsweg, und ich gab die Nummer meines Freundes durch. Wir verabredeten ein weiteres Telefonat kurz vor seinem Dienstende gegen 18 Uhr. Ich legte auf und rief Wolfgang an. «Der Teilnehmer ist derzeit nicht erreichbar.» Es wäre ja auch zu schön gewesen.

Am Abend konnten wir dann telefonieren, und tatsächlich hatte ihn die SMS erreicht. Ich bekam den Code und konnte dann schließlich den Vertrag mit dem neuen Anbieter abschließen. Nur kurz fragte ich mich, was wohl gewesen wäre, wenn ich noch im Job gewesen wäre und nur begrenzte Zeit gehabt hätte. Wahrscheinlich hätte ich mich erstens aufgeregt und zweitens den Vertrag beim alten Anbieter einfach verlängert.

Ende gut, alles gut? Nun, nicht so ganz. Zwar bekam ich wenige Tage später per Post meine neuen SIM-Karten, aber am selben Tag auch einen Anruf. Dort erklärte mir das einzige Teammitglied des neuen Anbieters, das ich noch nicht kennengelernt hatte, dass ich ja noch die Bestätigungsmail rausschicken müsse, um meine SIM-Karte zu bekommen. Auf meinen dezenten Hinweis hin, dass eben diese Karte am selben Tag in meiner Post gewesen wäre, herrschte kurz ratloses Schweigen. Dann meinte der junge Mann, ich solle seinen Anruf einfach vergessen, er würde das löschen. Hoffentlich löscht er nun nicht den gesamten Vorgang ...

Sie denken vielleicht: So, das war es aber jetzt! Oh nein, weit gefehlt, Sie unterschätzen die Kreativität der Telefonanbieter. Etwa zwei Wochen später bekam ich erneut einen Brief, in dem ich gebeten wurde, jetzt aber wirklich endlich die Bestätigungsmail abzusenden. Dass in dem Schreiben mein Vorname Axel diesmal «Aksel» geschrieben wurde, halte ich der großartigen Fantasie der Mitarbeiter zugute. Erneut rief ich also dort an und hatte schon fast erwartet, dass man mich als alten Bekannten duzen würde, aber das hatte ich mir offensichtlich noch nicht verdient. In jedem Fall wurde mir aber versichert, dass alles in Ordnung sei und man diesmal aber wirklich künftig solche Schreiben vermeiden werde. Ich glaube, mir wird künftig etwas fehlen.

Sie sehen, der Wechsel ist wirklich ganz einfach – wenn man viel Zeit hat.

Kann das weg?

Neulich hat die derzeit amtierende Regierung eine Gesetzesänderung angekündigt, nach der unter bestimmten Umständen das «Containern» straffrei bleiben soll, also das Suchen nach noch verwendbaren Lebensmitteln in den Abfallcontainern von Supermärkten. Und dabei wurde so nebenbei erwähnt, wie viele Tonnen noch brauchbarer Nahrungsmittel Handel und private Haushalte pro Jahr wegwerfen: elf Millionen Tonnen!

Es wird mir sicher niemand unnötige Nörgelei unterstellen, wenn ich mich da doch mal leicht echauffiere. Klar, viele Käufer haben sich angewöhnt, im Supermarkt nach dem Mindesthaltbarkeitsdatum zu schauen, ich auch. Aber das ist eben das «Mindest» und nicht das «letztmögliche». Und Nahrungsmittel dienen, wie der Name ja schon sagt, der Nahrung und nicht der Aufbewahrung. Oder mal im Ernst: Sammelt irgendjemand wirklich Leberwurst? «Oh ja, der Jahrgang 1998 war besonders gut, man sieht das nur unter der grünen Oberfläche nicht mehr so gut ...»

Irgendwie haben wir uns das Wegwerfen angewöhnt, und die Alternative dazu ist lediglich: zurückschicken. Alles andere gibt es nicht mehr. Da hatte doch tatsächlich vor einiger Zeit jemand im Europäischen Parlament eine wahrhaft revolutionäre Idee: Man solle Handys künftig reparieren können, wenn der Akku defekt ist, und nicht mehr gleich wegwerfen. Reparieren! Echt! Da muss man mal draufkommen! Grandios! Ich würde fast sagen: mega!

Ich erinnere mich, dass meine Mutter, die ja, wie Sie wissen, eine sehr kluge Frau war, immer dann einschritt, wenn meine Strümpfe ein kleines Loch aufwiesen, wobei ich nie eine Ahnung hatte, woher diese Löcher kamen. Aber sie kassierte sie ein, «bevor die Löcher größer werden», und dann warf sie die Strümpfe nicht weg, sondern sie machte etwas, das nannte sie «stopfen». Tatsächlich. Sie konnte die Strümpfe reparieren. Den jungen Primark-Nutzer unter Ihnen mag das wie ein Grimm'sches Märchen vorkommen, aber sie konnte das. Mit Nadel und Faden. Magie!

Ich bin mir ziemlich sicher, dass eine Umfrage unter deutschen Müttern nach der Ausübung einer solchen Tätigkeit ein Ergebnis zeigen würde, das ein echter Grund zur Aufregung wäre. Nicht nur, weil Strümpfe aufgrund der manchmal skandalösen Arbeitsbedingungen in Niedriglohnländern wie Bangladesch unschlagbar günstig zu erwerben sind, auch der zur Schulzeit meiner Eltern noch übliche Unterricht in «Handarbeiten» wird sicher als nicht mehr zeit- und gendergemäß betrachtet. Woher sollen also junge Mütter wissen, wie man «stopft»?

Es ist ja auch so einfach – einmal kurz bei Amazonas & Co bestellen, und wenn es nicht passt oder nicht gefällt, dann eben kostenlos zurückschicken. Und weg ist es! Nur dass es dann eben nicht weg ist, sondern wahrscheinlich in irgendeiner afrikanischen Hafenstadt landet und dort verbrannt wird. Und darüber regt sich niemand auf.

Dabei gibt es immer wieder interessante Ansätze – Carsharing oder auch andere Tauschangebote. Das könnte man doch ausbauen. Ich las neulich von einer Familie, deren Haus zu groß geworden war, weil die Kinder aus eben diesem Haus waren. Warum nicht tauschen mit einer jungen Familie, deren Wohnung zu klein geworden ist, weil Kinder geboren wurden?

Wir haben viele Singles, die in zu großen Wohnungen leben und sich beklagen, dass sie alles allein sauber halten müssen. Sollen Sie sie doch gegen kleinere Wohnungen tauschen und dafür ggf. noch Unterstützung beim Einkaufen oder so bekommen. – Und grundsätzlich sind ja auch die Elektroroller keine schlechte Idee, wenn sie nur nicht ständig im Weg stünden oder im Rhein landen würden.

So gibt es auch in vielen Städten inzwischen Bücherschränke, in die man ausgelesene Bücher einstellen und im Gegenzug Bücher entnehmen kann, anstatt die blaue Tonne weiter zu füllen – was ohnehin schwierig genug ist, weil da ja schon die ganzen Verpackungen aus dem Online-Handel drin liegen. Selbstverständlich unzerkleinert, sonst macht das ja keinen Spaß.

Ich bin kein Sozialromantiker, mir ist klar, dass hoch entwickelte Volkswirtschaften nicht plötzlich auf Tauschhandel setzen können, aber so manche Fehlentwicklung könnte helfen, das zu korrigieren. Genau wie der Slogan «Reparieren statt wegwerfen».

Gut, manche Unternehmen träfe das hart, weil sie von vornherein darauf setzen, dass ihre Produkte nur einen festgesetzten Lebenszyklus haben und das Datum des Endes dieses Zyklus bereits fest eingeplant ist. Aber müssen wir das unterstützen? Kennen wir alle nicht Marken oder Produkte, bei denen wir uns gefreut haben, wie lange sie hielten? Wäre es nicht wert, das zu unterstützen, anstatt Billigware aus Fernost zu kaufen? Denn der niedrigere Preis hat eben auch seinen Preis.

Ich jedenfalls habe mir fest vorgenommen, künftig daran zu denken und mich beim Einkauf zu fragen: Brauche ich das wirklich? Bringt mehr, als sich hinterher aufzuregen. Und bevor ich dann gewohnheitsmäßig zum Müll schreite, mich vorher noch mal zu fragen: Kann das wirklich weg?

Ich hoffe, was dieses Buch angeht, ist Ihre Antwort eindeutig! (lach)

Zu guter Letzt

Es gibt eine Menge Menschen, bei denen ich mich am Ende dieses Buches bedanken möchte.

Zuallererst gehören Sie dazu, liebe Leserin, lieber Leser, und Gratulation, dass Sie bis hierher durchgehalten haben. Und wenn es Ihnen gefallen hat, dann sagen Sie es gerne weiter. Wenn nicht, behalten wir das bitte unter uns.

Aber natürlich gehört dazu auch der Rowohlt Verlag, namentlich Julia Vorrath und Svetlana Romantschuk, für deren Unterstützung und Anregungen ich herzlich danke, ebenso wie Oliver Brauer, der uns zusammengebracht hat.

Ich danke meiner Freundin Steffi und meinem Freund Wolfgang für das immer wieder geliehene Ohr und den Antrieb, wenn ich mehr als einmal durchhing, und natürlich Astrid, Barbara, Biggi, Kerstin, Tine und Jürgen für Gegenlesen, Lob und Kritik.

Dank auch an Alexander von Spreti, der unermüdlich und erfolgreich die Werbetrommel rührte und rührt, und auch Dank an meine Freundinnen und Freunde vom «Frittenchor Köln», die mit mir gemeinsam durch die Säle gezogen sind und Lesungen zum Genuss gemacht haben.

Danke an Anne Dohrenkamp, die mich mit ihren Bildern immer überrascht – hier ist ihr das mit dem kleinen Vogel gelungen –, und an Thomas Junker, der mir bei der Webseite *www.axel-beyer.info* geholfen hat.

Danke an alle, die mit mir viele der Geschichten gemeinsam erlebt haben und sofort der Meinung waren: «Das gehört ins Buch!» – und dort sind diese nun auch gelandet.

Euch und Ihnen allen verdanke ich letztlich die wichtige Erkenntnis:

Immer nur aufregen ist auch keine Lösung!

Sven Voelpel
Entscheide selbst, wie alt du bist

Was die Forschung über das Jungbleiben weiß

Bestsellerautor und Demographiefor-
scher Sven Voelpel zeigt, wovon es
abhängt, ob wir im Alter verbittert und
krank werden oder glücklich und fit
bleiben. Die gute Nachricht lautet: Wir
können, in weitaus größerem Maße als
bisher gedacht, beeinflussen, ob wir alt
sind oder nur älter werden. Altwerden
muss nicht zwingend mit Gebrechen
und Einsamkeit einhergehen. Sven Voelpel zeigt, welche Kriterien für das Altsein und Sich-alt-Fühlen eine Rolle
spielen.

288 Seiten

Weitere Informationen finden Sie unter **rowohlt.de**

Claudia Hochbrunn
Ein Idiot kommt selten allein

Wie Sie Moralaposteln, Miesepetras und anderen schwierigen Zeitgenossen Paroli bieten

Alle Idioten – außer mir!

Ob Miesmacher, Moralapostel, übertriebene Optimisten oder Märchenerzähler – wo man auch hinschaut, begegnen einem Idioten. Sie nerven und belästigen uns bei der Arbeit, während der Freizeit, im Internet und in der Politik. Wie wachsen diese Menschen heran und was macht sie aus? Welche Arten von Idioten gibt es? Und wie geht man am besten mit ihnen um? Claudia Hochbrunn analysiert mit viel Witz und scharfer Zunge die verschiedenen Persönlichkeitstypen und zeigt, wie wir mit ein wenig Feingefühl, ein bisschen Geduld und dem ein oder anderen Trick in der Kommunikation mit ihnen fertigwerden.

208 Seiten

Weitere Informationen finden Sie unter **rowohlt.de**